JN410150

밀레니엄문학회 사화집

심연의 강에 반짝이는 햇살

밀레니엄문학회 사화집

심연의 강에 반짝이는 햇살

도서출판 **밀레**

서문

세월의 질량이 높아 갈수록
자신감 보다는 책임과 의무,
용기 보다는 겁에 눌려 움츠러들기 마련인가 보다

사색의 깊이가 낮아서가 아니라
사색의 폭과 깊이가 무한대로 넓고 깊어져
심연의 강을 지나치게 헤매다
잠시 공허의 늪에 빠져든 탓인지도 모른다.

아니, 심연의 강에 반짝이는 햇살로 인해
더 큰 광명을 발하는지도 모른다.

그리하여 시인이란 사명감과 자존심에 매료되어
침잠을 깨우는 목소리로 영성을 두드리며
번뇌와 해탈
사랑과 연민으로
세상을 향해 무언의 시를 토해낸
밀레니엄 가족의 용기와 저력에 찬사를 보낸다.

밀레니엄문학회
회장 정 찬 우

차..례

강기옥

변영표

류재원

이은자

전민정

손문주

류시정

김성자

이성이

조종대

기호신

박희주

이 지 영

한국문인협회 저자권옹호위원, 국제펜클럽한국본부 회원
한국현대시인협회 중앙위원, 밀레니엄문학회 부회장

수상 : 한국민족문학상, 문예사조문학상, 문학21문학상
탐미문학상, 황진이문학상, 세계시가야금관왕상
등 다수

시집 : 〈젖은 날의 일기〉〈꿈꾸는 밀어〉〈산 하나 품고〉
〈사랑으로 가는 바람〉〈서울 속의 바다〉
〈눈꽃 사랑〉 등 10여권

경기도 안양시 동안구 평촌동 933-7
꿈마을아파트 311동 1002호
HP : 010-3346-7901 E-mail : leejy135@hanmail.net

사랑 리필

한 생 살아가는 동안
그중 중요한 테마는 사랑
커피를 마시듯 사랑 리필을 한다

달과 별 들짐승 산 노을도
지고 돋고 꽃단장하지만
사랑은 지지 않는 계절도 없이 피는 꽃으로
사랑 리필을 계속 한다

갈수 있는 거리에 그대를 두고
만월 찬 바닷가에 불기둥을 세우고
밀림의 미로에서 소나기를 만나듯
다시 마시고 다시 느끼고
내 몸에 불을 붙여
그대 마음 따스하게 녹일
살아있는 사랑놀이 한다

그대가 철책에 가려 바위에 막혀
갈 수 없는 거리에 서 있다 해도
신 새벽 어둠을 뚫고 부르튼 맨발로 찾아가리
커피를 찾듯 끝없는 목마름을 적셔줄
내 생애 가장 갈증을 일으키고 달래줄 사랑이여

꽃보다 아름다운 당신

꽃보다 아름다운
꽃잎으로는 피워낼 수 없는
피워낼 수 없으면서도
꽃보다 고운
그런 가슴으로 사는 당신

시심 하나 기둥으로 세우고
영혼의 집
언어의 울타리로 두른
가난한 당신
그러나 항시 등 밝혀
가난을 즐기시는
즐겨
꽃보다 아름답고 그리운 것이
되는
그리운 것이 되어
시와 더불어 사는
당신은 꽃 보다 아름다운
사람

추억의 샘

지층 깊이 묻어둔
초연(初戀)을 꺼내어
추억의 우물을 판다

몇 만 미터 가슴 속
깊이 묻혀 있는
추억의 은광(銀鑛)

세월은 흘러
하얗게 바래도
생생히 살아 있는 추억

그대는 내게
한 자락 떨림으로 와
퍼내도 퍼내도 마르지 않는
황홀 안고
추억의 우물이 된다.

바다

등대는
안개에 안질이 걸려
눈을 감고 있었다

폭풍이 산처럼 밀고오고
노도는 전율로 떨게 했다

떨린 가슴께로
또 하나의 바다가 범람했다

범람한 파도 위엔
내가 떠 있었다

홍시

가지와 가지 사이엔
낙일(落日)이 걸려있고
가지 끝엔
홍시가 매달려
낙일 흉내를 한다

흉내뿐만이 아니라
가을 늦은 풍경이나
성급히 달려올
겨울 풍경의 여백에 찍힌
낙관이 되기도 한다

깍깍
까치라도 쪼아 시장기를 면하는
날이면
그대로 살아있는
문인화 화폭의 그림이된다

산다는 것

산다는 것은
매일 하나씩
? 부를 찍는 것이다.

산다는 것은
어쩌면 내일을
간이역 삼아 쉬어가는
컴마를 찌는 일이다

아니야
산다는 것은
삿대 하나로 저어가는
고해(苦海)의 도강(渡江)이야

숨어있는 것

꽃이 아름다운 건
까만 씨방의 열매를
여물게 하기 때문이고

사람이 꽃보다 아름다운 건
사랑으로 맺은
종족보전을 하기 위함이네

시가 좋은 건
행간에 숨어있는 나비
보석을 찾아내는 재미 때문이고

그대가 좋은 건
항상 곁에 있어
도깨비 방망이가 되어주기 때문이네

만남

님과 남은
획 하나 차이
정으로 울타리치고 살면서
한사코 획 하나를 뜯어낸다

뜯어내면 뜯어 낼 수 록
그중 깊은 곳에 닿는
인연의 동아줄

님과 남은
칭칭 감아 엮는
생의 울타리 밖과 안의 관계다

울타리 밖 엔 남
울타리 안 엔 님
그렇게 살아가면서
만남의 소중함으로 인연하고
산다

젊은이여, 역사 앞에서

첩첩산중으로 시집간 새색씨
살던 도시는 새마을 운동이 한창이었다
시골 장날 나무짚단 등에 지고 별을 헤며 장에 갔다
소금 설탕 사들고 집에 돌아오는 길엔 노을이 동행이었지
배고픔 이기지 못해 소나무껍질 벗겨
질긴 생을 씹듯 씹어 삼키고
풀뿌리 보리죽에 연명하던 가난으로 가난을 달랬지

그 시절 살기 위해 이민 간 광부와 간호사들 모아 놓고
가난한 나라에 태어나 이국 멀리 와서 궂은일 고생한다고
눈물로 호소하던 메르케 독일 대통령 손수건 건내주며
우리가 도와주겠다고 위로의 눈물 함께 흘렸지

그들의 고생 헛되지 않아 고속도로 줄을 긋고
팔도가 굴뚝으로 선 공업선진국이 되었지
그 작은 체구의 독단의 리더십이 아니었다면
오늘의 장구한 역사 가당치나 했었겠나
낡은 혁대, 낡은 구두의 사심을 모른
오직 잘살아 보겠다는 국민 생각의 어버이
사상과 이념의 흉탄에 쓰러졌지

젊은이여, 배고파 보았는가
호의호식 고생을 모른 젊음들아
그대들, 시대의 아픔 모르고는 말하지 말라
그대들의 조상, 그대들의 어버이 고난의 세월
한번쯤 귀 기울려 보자

눈꽃 사랑

너는
눈 속을 살로 달려와
내 가슴 과녁삼아 꽂히는
눈꽃송이

나는 갈기 세운 백마로 너에게로 달려가는
불꽃 가슴

가슴과 가슴 사이
불과 얼음 함께 있어
뜨거움과 차가움의 입김으로
키우는
눈꽃 사랑

서울의 바다

뭍이 고향인 나는
늘 가슴에
바다 하나 지니고 산다

하여 내 항일 일지엔
도강을 위한 예비와
도강을 꿈꾸다 침몰한
아픈 기록들이 새겨져 있다

밤마다 수장했던 꿈과
난파된 꿈을 인양하던
꿈의 바다

오늘도 노도로 출렁이는
바다 하나 안고 살며

항해일지를
시로 쓴다

꿈을 꾸자

생과 무덤 사이에 펼쳐진
시간의 바다를 여행하는
삶의 여정(旅程)
어른이라도 꿈을 꾸자

실현되지 못할 꿈이라도
꿈을 품고 진정으로 갈망하자
끊임없이 몰아친 파도처럼
파도타기를 하자
외치고 부르짖는 고백으로
최선을 다해 꿈의 해안에 부딪혀 보자
부딪혀 깨어져 흰포발로 소멸되어
넘어지고 쓰러져 다시 수평으로 돌아갈지라도
도전에 도전의 꿈을 파도처럼 타자

정 찬 우

한국문인협회 월간문학 편집위원
국제펜클럽한국본부 이사
한국현대시인협회 중잉위원
세계한민족 책사랑 무궁화협회 이사장
밀레니엄문학회 회장, 현우무역(주) 대표이사

수상 : 한국민족문학상, 탐미문학상, 문학21문학상
문예사조문학상, 에미피도문학상 등 다수
시집 : 〈내 영혼의 하얀 미소〉〈내게 사랑 하나 있네〉
〈꽃으로 선 당신〉 등 다수

서울시 서초구 방배3동 1008-2
래미안방배아트힐아파트 102동 1102호
전화 : (02)588-4671~2 HP : 011-276-6116
E-mail : hyunwoot@hanmail.net

사랑

사랑, 너를 만나는 날은
노을빛으로 타오른 가슴
심연의 강에 반짝이는 햇살이여

사랑, 혼자가 아닌
둘이서 만이 이룰 수 있는
빛과 그림자의 존재여

사랑은, 남 몰래 흐르는 울림
설레임이고 떨림이며
고독과 황홀의 공존함이여

사랑은, 밝고 어둠처럼
꽃피고 지는 자연의 섭리 따라
인연으로만 존재한 영혼이여

씨앗 하나

화려함이 죽어 자란
그 자리에
열매로 피어난 새로운 생명체

가슴앓이 쓰라린 고통도 마다하지 않은
너의 희생
너의 정신
숙연함이 앞선다

네가 있어 존재한 세상
존재의 존재가 필연으로 이어진
사랑과 희생
살생의 원리이구나

내 어찌
깨달음이 늦어
알아보지 못한 너
너 하나 튼튼히 키워
영혼의 숲을 깨워보련다

집념의 씨앗

지구촌 구석구석 마다
널려있는 세기의 도서관들엔
저마다의 민족의 뿌리들 난무한데
한글 맞춤표 하나 보이지 않는
동방의 작은 나라

내,
그토록 바라던 무언의 희망이었건만
글을 읽지 않는 민족의 책
꽂아서 무엇 하냐는 핀잔 속에

뜻을 세워 뿌려온
반평생 고난의 씨앗들
세기의 곳곳에 꽃향기로 넘쳐나
한민족의 혼으로 솟구친다

건곤감리(乾坤坎離) 태극기
세계의 하늘 펄럭이며
한글의 세종대왕 배꼽내고 춤을 춘다

의지로 엮어낸 일생의 집념 하나
이제는 우리 코너 만들어 놓고
책 보내 달라 아우성이다

뜻있는 자 믿음이 만든
조국의 얼
세세만년 꽃피고 향내 뿜어
열매로 뿌려진다

가을의 상념

흩어진 낙엽 책갈피에 꽂던 시절
인생과 사랑과 철학이 난무하더니
이젠 계절의 감각마저 무디어진
상념의 시간들

눈부신 그날의 추억 붙잡고
노란 은행잎 하나 줍고 서서
하늘을 회상 한다

살아있음이 죽음이요
죽음이 곧 새로운 삶이듯
인생 또한 낙엽인 것을

휘몰이로 몰아친 벼랑의 끝
한 생의 열매로 엮어
갈잎 빛으로 포장한 여운을 갖고
산등성이 올라서서
가을을 보낸다

사랑의 빛

사랑이란
빛으로 피어난 오묘함이 아니더냐

때로는 붉게
때로는 희게
무지개 빛으로 피었다가
금세 안개처럼 거치는
투명한 빛이 아니더냐

해맑은 별들의 속삭임으로
소리 없이 왔다가
싱그러운 향기만 남긴 채
초록빛으로 사라진
여운이 아니더냐

사랑이란
기쁨도 슬픔도
색상으로만 피어나는
그런 오묘한 빛이 아니더냐

모정이 남긴 씨앗

전쟁이 남긴 폐허가
허기와 굶주림으로 배를 채우던 시절
내겐 거지친구가 많았다

모정의 정(情)이 안쓰러워
하나 둘 챙긴 것이
어느새 30여명의 각설이 떼
때만 되면 줄을 이어 맴돌다
어머님의 손길이 스치면 눈처럼 녹아 내린다

아이에서 어른까지
줄을 서 기다리는 그들의 모습에
어머님은 늘 바쁘시기만 했다

명절에 얻어 입은 새 옷은
어느새 그들의 몸에 걸쳐있고
장난감과 학용품은 공동의 것이 되어버렸다

노동과 구걸의 진리를 일깨워주신
부모님 덕에
새 삶을 찾은 누더기의 형은
먼 먼 훗날
나의 은인이 되어있었다

사랑과 배품의 씨앗이 남긴
훈훈한 정
어머님의 혼(魂)이셨다

세월

바람에 휩쓸려간
앙상한 나목(裸木) 사이로
세월이 흐르고 있다

부딪히고 깨어지고 흩어진
시간의 상념들이
소리 소리 지르며
허무를 낳고 있다

아쉬움과 절망이,
용기와 희망의 빛이 아니더라도
마음의 공허에서 오는
머나 먼 사색이 있어서다

삶의 무게에 짓눌린
허무와 공허가 낳은
무채색의 씨앗이다

밝음과 어둠의 상존

밝음이 짙으면 어둠은 흐려지고
어둠이 짙으면 밝음이 흐려지듯
빛과 그림자의 존재가 그러하고
행복과 불행의 진리가 그러하듯
성공과 실패의 이분법이 그렇고
삶과 죽음의 등식이 그런 것처럼
존재의 가치를 어느 쪽에 세우느냐가
인간의 가치를 창조하는 것
밝음을 벗하면 빛이 되고
어둠을 벗하면 암흑이 되는 존재
삶이란 양존의 그림자를 안고 살아가는
실상과 허상의 진리

회상(回想)

— 인생소고

관대함과 채찍의 양날에 서서
온건함에 무게를 둔 삶의 회한
뒤늦은 깨달음에 취해
낯이 붉어온다

세상 무엇과도 바꿀 수 없는
오직, 나만의 소중함들
배려와 희생의 진리를 깨닫지 못한
어리석은 인생이여

우둔한자의 망령으로
하늘을 훔치려한 죄
뉘라서 용서와 기쁨 얻을 수 있으리

흙의 고향을 찾아 떠나는 날
하늘 저편 높은 언덕에
무지개 집을 지어
은혜로 살고 싶다.

진리의 길

세상의 존재가치는 길이다

삶의 모든 진리가 길에서 나오고
길로 통하는 원심의 구조가 마음인 것을

사람은 길을 걷고
배와 비행기는 항로의 길을 따라 날고
나무와 숲은 하늘 길을 올려보고 자라며
곤충과 벌레는 안테나의 신호길을 따라 날고 있다

길은 각기 달라도
목적은 하나인 것을

진리가 옳고 그름의 이정표라면
유무형의 사물은 서로가 상생을 의미 하지만
사람은 질시와 과욕의 상투적 원리만을
강요당하며 사는 패륜아가 아니던가

자연은 우리에게 신선한 공기와
유익함을 주지만
인간은 부패와 쓰레기만을 재생하는
과욕의 동물이 아니던가

일 초의 행복

바람과 구름이 시간의 상존 속에
존재하는 삶의 여백으로
무수한 꿈을 꾸지만
부딪히고 깨지고 막혀가는 일상들
행복과 성공이라는
가슴 아리를 어루만지며
뜬눈으로 잠을 설치는 젊은 날의 향연
이루고도 빛을 보지 못하는
저 아련한 행운들
의지만으론 생존할 수 없는
저 높은 기상은
누구의 깃발이며
누구의 목소리인가

긴장과 긴장의 연속에서
하루살이 같은 삶의 여백을 뚫고
단 일 초의 행복을 담론할 수 있다는 건
그 얼마나 뜻 깊은 행운인가
존재의 가치란
스스로의 양질의 높이며
넓고 깊은 상상의 날개임을
어이 모른다 하겠는가

지성의 가치며
양식의 찬미가
마음의 중심이란 걸
어찌 모른다 하겠는가

눈물

세월의 무게만큼 눈물이 많아짐은
마음이 여려서도
감성에 젖는 시간이 많아서도
모질지 못한 삶에서도 아니다

한 방울의 눈물 속엔
애환이
또 다른 방울 속엔
숙연함이
방울방울 마다
또 다른 사연들이 뚝뚝 떨어진다

사랑도 미움도
기쁨도 슬픔도
성취와 실패의 마당에서도
하염없는 사연의 방울들이 뚝뚝 녹아내린다

세월이 주는
아니 삶이 가져다 준
지혜와 감성의 깊은 사랑의 선물이다

강 기 옥

한국문협, 펜글럽한국본부 회원
칼럼니스트, 내외일보논설위원
월간 『아트앤씨』 편집주간, 화백문학편집자문위원
국사편찬위원회사료조사위원
서초문인협회부회장

시집 : 〈그대가 있어 행복했네〉 외 5권
평론집 : 〈시의 숲을 거닐다〉
역사기행 : 〈문화재로 포장된 역사〉

서울시 서초구 방배3동 562-1
방배대우아파트 1동 807호
전화 : (02)525-4009 HP : 010-3777-7241

무정설법(無情說法)

내 것이 옳다, 내가 바르다
네 것이 그르다, 네가 틀렸다
세상이 온통 양극화 현상이다

'설득하느니 보다
차라리
설득당하는 것이 행복하나니라'

유치환님 눈 뜨시면
뜨거운 일갈로 호령도 하시련만
세상엔 이미 스승이 없다

모두가 잘 나
드센 논리의 유정설법뿐
세상은 이미 서슬이 퍼렇다

산천의 조화에도 질서가 있거늘
자연의 순환에도 교훈이 있거늘
중생들의 세상엔 안개만 자욱하다

*무정설법 : 인간의 설법을 통해서 진리를 깨치는 것이 아니라 자연의 순환이나 달빛, 별빛 등을 통해 진리를 깨닫는 것을 말함. 소동파도 무정설법을 깨우쳐 문장의 대가가 되었음

서재에서 2

얼마나 많은 객이 지나갔던가
곁살 터지는 배부름에 거식증이 일어
새 옷 단장 신부도 내다 버리고
허름한 겉옷 바실거리는
볼품없는 지식도 내다버리고
손길마저 익숙한 자리에
새 식구 새터민이 자리 잡았다

고것들이 주인인 양 비집고 든 서가엔
빼곡한 얼굴들이 품평회에 열중이다

빛깔 고운 새 댁이 와도
조선 여인 같은 고서들을 품고 있더니
이제는 낡은 세월의 틀니를 끼고
삐걱이는 뼈마디로 새 가족을 맞는가
얼굴 익히는 동안에 밤이 지치고
손자국 윤기에 먼지조차 비켜 가는 공간
이제는 얼굴 큰 돋보기가 기웃거린다

서재에서 3

말라가는 언어에 멀뚱해진 눈망울
오랜 시간 마주 앉아 있어도
머리를 비워내는 수도자의 모습일 뿐

의미 없이 서성이는 손가락에
사각사각 하나 둘 책장만 넘어가고
창 밖 귀뚜라미에 귓불이 운다

그래도 넘기면 넘길수록 새 정이 드는
어두운 세상의 등불과도 같은 친구
낡은 모습이라도 반갑기는 예 같은데

두 손에 안고서도 잡념에 허덕임은
삶의 의미가 무디어진 까닭인가
자간을 맴도는 눈빛이 예전보다 흐리다

쓰레기통

무어 그리 바르지 못해서
무어 그리 숨길 것이 많아서
꼬깃꼬깃 구긴 채 버려야 하는가

선택의 순간에
애지중지 아끼던 사랑만큼
이별도 그렇게 고울 수는 없는가

쓰레기통을 채우는 것은
애당초 추한 것이 아니었는데
애당초 비밀한 것도 아니었는데

수용의 입을 벌린 쓰레기통에는
구겨진 인격과
은밀히 구겨진 행실이 쌓여간다

풍선

살살 불어라
큰 욕심에 크게 불다간
뼈다귀도 못 추린다

적당히 채워라
욕심껏 배불리면
작은 가지에도 배터진다

바다

세상이 고울 때에는
모든 오물 다 받아들였습니다
사람이 아름다울 때에는
그들의 배설물도 받아들였습니다

무엇이든 거부하지 않고
'바다'들인다 하여 바다라 했지만
이제는 받아들일 여지가 없습니다
오히려 구토증에 속이 울렁거립니다

생선 썩는 여름보다 더 부패한 세상
오징어 먹물보다 더 검은 먹튀들
변해버린 세상에 가슴을 토해냅니다
밤낮없이 변해가는 세상을 향해
밤낮없이 쏴 - 쏴 - 쏴댑니다

끝없이 밀려오는 파도는
속 뒤집히는 배앓이였습니다
오염물 토해내는 작업이었습니다
파도는
정화작업의 산통(産痛)이었습니다

살만한 세상

한적한 시골에도 사람냄새로 분주하다
으슥한 골목에 노래 가락이 울려 퍼지고
무심한 시선 툭툭 던지며
등 돌린 표정으로 하루가 가는
꿀 먹은 양로원과 장애인이 사는 집에도
달망대는 춤사위가 적막을 깨뜨린다

모자 쓴 허수아비와 말쑥한 마네킹
우습게 생긴 인형은 말할 것도 없이
사람 닮은 것이면 모두가 꺼뻑 절을 해대는
그 순간의 세상은 참으로 정이 넘치고
그 때의 세상은 참으로 살맛이 난다
남녀노유(男女老幼) 모두 사람대접 받는다

일 년 열두 달 몽땅 야지랑스럽게
사람 사는 곳 어디나 수군수군 소란해도
사람이 살만한 홍겨운 세상
세상살이 언제나 선거철만 같아라

물 2

작으면 작은 대로 하늘을 담고
크면 큰 대로 산을 담았지
둠벙에 있을 때엔 구름을 담고
개울을 흐를 때엔 꽃을 담았지

구름, 산, 하늘
어느 것이 진정한 모습이냐고
포륵포록 새들이 핀잔하지만
그들의 날갯짓도 담아버렸지

제 몸보다 큰 먹이를 낚아채는
굶주린 뱀의 아가리보다 더 큰
형체도 없는 무골(無骨)의 그릇
작은 도량으로 세상을 담는

물

간장

애간장을 태워야 제 맛이 난다?
그래도 조상 잘 만나
태어나면서부터 장(長)급이다

평생 한 번 장(長)자 달자고
많은 사람들 눈에 쌍심지를 돋우는데
출생부터 장이라니 불평등의 극치다

짭짤한 맛에 투명한 빛내고자
여인네의 애간장을 태우며 태어난
양반가문의 귀족

장마

온 몸이 뒤틀리는 복통이다
땅이 뒤집히고 하늘이 꺼지는
무지무지한 복통이다

편하게, 편하게 더 편하게
편하자고 찾아낸 문명의 이기들이
하늘에 땅위에 토해낸 오염

둥근 오한(惡寒)으로 성층권을 덮어도
눈가에 번쩍 천불이 일고
꾸르릉 꽁 꽉 토사곽란(吐瀉霍亂)이다

진단과 처방을 무시한 세상에
청정지를 잃고 속병 든 지구
한바탕 복통으로 설사중이다

배꼽 1

— 무화과

꽃이 없어도 열매 맺는다?
참 도전적이다

비밀한 이름으로 유혹하더니
어느 호수 하늘 닮아 가던 날

속내 살짝 열어 보이는
앙큼하게 달큰한 맛

꽃향기까지 슬쩍 감춰버린
육질의 꼭지에 배꼽이 있다

배꼽 없이도 열매 맺는 건

배꼽 3

지구의 정기로 우뚝 솟은 백두산
그 생명의 탯줄은 오목 배꼽을 남겼다
하늘의 기운 담아 천지(天池) 이루고
한반도 땅끝까지 뻗어 내린 산줄기
지리산은 볼록한 배꼽이다

어디는 오목 배꼽
이디는 볼록 배꼽
한반도 곳곳을 굴곡진 탯줄로 이어
힘찬 기운으로 연 산하와 평야
그 속에 유구한 한민족의 역사가 있다
생명이 아니다

나무 1

— 인격

세상 이야기
사람 사는 이야기

미움으로 투덜대는 이야기
술꾼 내뱉는 넝마 같은 이야기
사기꾼 꾸며대는 그럴 듯한 이야기
작은 실수 찾아내어 험담하는 이야기
이유도 없는 고성방가 귀가 아픈 이야기
귀를 막았는데 나무는 점점 배가 불러 온다

사랑하는 이들이 주고받는 감미로운 이야기
어려운 이웃을 돕기 위한 아름다운 이야기
퇴근 후 식탁에서 오가는 오붓한 이야기
떼 지은 꼬맹이들 재잘거리는 이야기
귀가하는 학생들의 즐거운 이야기
안 먹어도 배불러 살이 빠졌다

싫은 이야기로 뚱뚱하더니
좋은 이야기로 날씬해졌다

변 영 표

경기도 용인시 기흥구 서천 출생
월간문예사조 시(詩)로 등단, 한국문예사조 이사
한국문인협회 회원, 자유시인협회 회원
현대시인협회 회원, 밀레니엄문학 회원

시집 : 〈어디로 가야〉 외
공저 : 〈아우성〉〈물레〉〈삶이오가는 바람이여〉
〈눈먼사랑을깨우는 종소리〉
〈작은것들의 아름다움〉 등 공저

서울시 동작구 사당1동 1051-34 18동 6반
전화 : (02)583-5277 HP : 010-7294-8899
E-mail : bonustree@hanmail.net

호주머니

가슴에서 정강이까지
생각에서 마음속까지
많으면 많을수록
나는 주머니가 좋다

그 주머니 속엔
세상위에 그리운 얼굴들
아름다웠던 기억 속에 추억들
내가 좋아하고 사랑했던 사람들
내 곁을 스쳐갔던 모든 인연들
항상 잊혀지지 않고
가슴 설레게 하는 세상 모든 이야기들

그리고
잃어버린 세월보다도
더 많고 많은 사연들을
호주머니 속마다 가득가득
겹겹이 넣어 두고 싶다

그대의 그림자

아침을 여는 소리에
그대 숨소리 가슴에 들면
동공(瞳孔)에 비쳐오는
그대의 그림자로
하루를 시작합니다

별 하나 없는 오늘밤도
펑펑 눈 내리는 겨울밤도
그대 향한 그리움 있어
나 진정 외롭지 않습니다

오늘도 먼 길 달려오는
그대의 발자국 소리만으로도
그저 행복 할 뿐입니다

거울 속에 과일

별것도 아니면서
별것인양
최고도 아니면서
최고인양
아무렇게나 겨우 살던 이가
걸음걸이에 목소리까지
허세를 부린다

누가 봐도 보이는 속내
감추지 못하는 건
아마도 덜 익은 풋과일 일 꺼다
그래도 고개 들어 힘주고 싶거든
거울 속에 비친 네 모습을 보라

그 속엔 너의 모두가 들어있다

담쟁이의 꿈

지평은 싫다
험하고 힘든
수직오르막을 다오

모두가 두려워하는 높은 담벼락도
담쟁이에겐 오직 전진뿐이다
조금씩 이루어 가는 느린 도전이어도
언젠가는 그 작은 손으로
보이는 세상 끝을 오르고 오른다

저 담벼락을 오르기 위해
높은 정상을 오르기 위해
포기 없는 담쟁이는
겨울 내내 꿈을 꾸며
지치지 않는 꿈을 또 꾸었다

태초의 그리움

나는 아직도
많은 그리움들을
소유하고 있다

애정 어린
내 부모형제가 그립고
내 이웃과 내 친구들
사라져 버린 고향의 풍경

그리고
나를 스쳐간
세상 모든 인연들이
갈수록 그리워지니
아무래도 난~ 평생을
그리움으로 살다
그리움으로 가려나보다

천년의 솔향(率香)*

저리도 험한 암벽에 사는 건
필경 무슨 사연 있을게다
지치지 않는 당당한 모습엔
그럴만한 이유가 있을게다

어쩌면~ 너는
솔수평이도 아닌
바위틈 절벽에 태어나서
비바람 눈보라 뙤약볕에
휘어져 틀어진 모습 그대로
온갖 세월도 거뜬한 생이기에
천년의 푸르름 천년의 향기로
그 자리에서도

꽃 향도 피고 지고
세상사도 피고 지는

*솔수평 : 솔숲이 있는 곳

너의 운명을 받아드릴 때

누가 그리도 힘들게 했을까
험한 세상이~
거친 계절이~
눈 비바람이~
아니면 지독한 외로움이~

그 누가 또
꺾이고 휘어짐을
네 운명 속에 집어넣었을까
아닌 척 너의 깊은 속사정
상처의 흔적을 누가 알아주겠니

백년도 다 못하는 힘겹고 험한 세상
곧 뻗은 길 아니라 하더라도
그냥 네 운명으로 받으려무나

곧게 뻗은 잘생긴 나무보다
구부러져 못생긴 나무가
오래도록 선산을 지킨다더라

하나를 버려야 또 하나가 오는 것

살아가는 것이란
저물어가는 것이 아니라
조금씩 우리에게로 다가오는 것이다
한해를 보내야하는 송년도
사라져가는 하루도
새로운 날이 다가오는 희망이다

아쉬움으로 보내버리고
설렘으로 맞이하는 날을
일상에서 잘라 새해로 명명하고
우리는 그 규칙에 따라 해묵음을 버리고
새로운 꿈을 그려 넣는다

그럼에도
미쳐 못 다한 그리운 이름들을
가지마다 길목에 걸어놓고
바람이 불때마다 쏟아지는
소중한 꿈의 메시지로
새해에 새 꿈을 찾아나서는 것이
아마도 우리의 일상을
살아가는 이유일 것이리라

우물

내속엔~
마르지 않는 우물 하나 있다

낮에는 밝은 태양이
세상 곳곳 비추어 주고
밤엔 초승달에 그믐달 까지
시시각각 다른 모양으로 나타나
그리움의 동경을

아주 오랜 이야기부터
먼 역사의 자취까지
숨겨진 동화 속을 달려
희비의 삶을 쌓았던
다반사의 이야기가
넘치는 샘처럼
우물에서 흘러나온다

지워 지지 않는
어제 같은 이야기들로...

태풍에

건강하게 자라던 나무가
태풍에 쓰러졌다
꿋꿋이 견디던 세월인데
그중 왜 몇 그루만 넘어졌을까

나무들도 저마다 사연이 있다
삐딱하게 서있던 놈
심지가 약해 기대있던 놈
마음이 벌래먹어 병들어 있던 놈
목마름에 치쳐있던 놈
뿌리마져 썩어가던 조마조마하던 놈들…

부러진 나무는 얼마나 아플까 만
사람도 생각과 정신이 바르고
마음 씀씀이 올바로 서 있어야
쓰러지지 않고 제명을 사다는데

다음에 올 태풍은
또 어느 곳을 세차게 흔들고 갈까

옛길을 찾아

누가 지나갔을까
표적 없는 그림자처럼
만세를 두고
바람도 가고 구름도 가던
때 묻은 추억들이 쌓이던 호젓한 길

그 곳엔
옛길은 보이지 않고
새로 난 아스팔트 신작로.....

끈끈한 정들은 어디로 갔나
높다란 동산은
그 누가 끙끙대며 등지고 갔을까

지평이 된 평지 길을 가늠해보지만
그 옛날의 상상은 끝이 없네.

류 재 원

한국문인협회 회원, 국제펜클럽한국본부 회원

수상 : 제13회 충청문학상
시집 : 〈별〉 외 7권

서울시 강서구 화곡2동 882-19
HP : 010-5289-0989
E-mail : uu0989@hanmail.net

접

눈물 없이 동강난
아물지 못할 상처
언제인가 승천을 꿈꾸고
숨을 지려놓은 산등에
해가 떨어졌다
잘린 목에서 접이 붙는
어둠 어느 포구에
내 마음이 정박할까
뜨거운 시선 속에
당신을 묻고 있는 것은
새살이 돋는 고독한 여정
세상에서
가장 차가운 것은 죽음이다
바퀴살 같은 숨 줄마다
다시 핏물을 채워주는
가늘 비가 내린다.

연

언제나 차가운 계절에 우는
바람은 연에게 매우 끔찍했다
푸른 물결이 높게 흐르는
하늘세상으로 올라 곤두박질쳐야하는
누가 울음을 곳곳하게 심어놓았는가
그대는 따먹지 못할 아득한 기억
기다림을 깁고 있는 낮달같이
너무나도 아슬 하게 인연을 잡고 있다
바람에게 가슴을 맞대고
추억을 시리게 쏟아내는
새순 같은 날개의 호흡
사랑은 뚫린 구멍으로 무너지고
낙엽같이 마르고 있는 육신이 나르면
풀벌레는 별의 숲에서 운다.
나룻배가 건너가고 물 흐름이 잘린
하얗게 질린 비명의 강변에
목숨을 다한 그리움이 흩어졌다

비늘

그대 상처의 강에
수수 꽃 눈빛들이 흘러가고
침묵은 건성으로 고여있지만
세상이 무너진다는 종말은 믿지 않았다
너무 그리우면
그만 슬픔을 잊고 사는가보다
어둠 창이 열릴 때마다
인연의 줄 끊어지지나 않을까
조각달이 비늘 하늘을 저어갔다
어색하게 부서지는 물거품
헐거워진 죽음의 무게를 조여 매면
날내 속에서 흩어지는 비늘
하얗게 붙은 구름을 뜯어내고
빛의 사슬마저 끊고 말았다
머나먼 우주로 속절없이 이끌려가는
마른 바람의 몸짓
물결 위에 나약한 잎들을 풀어놓고
눈 내리는 겨울을 생각했다

인연

길 잃은 여인이 마을 어귀에 나타나고
전염병이라도 되는지 몹쓸 돌들이 날아왔다
땅거미 아른 진 보리밭을 밟고 서서
웃지도 울지도 못하는 영정사진 닮은 그녀에게
우리는 악 쓰며 설음을 사정없이 질러댔지만
그 해 풍년을 예지한 보리는 파랗게 자라고
누구의 폭욕이었을까 아니면 사랑이었을까
대지에 핏물을 적시고 마악 잘라진 탯줄에서
종달새 솟구치는 울음 어린 목숨이 태어났다
여인은 희생된 또 다른 인연을 등에 업고
마지막 사랑을 찍어낼 길퀴리가 서있는 마을로
예전부터 살고 있었다는 행복으로 돌아왔다
자궁 속에 숨어 있어야할 파멸도 들고 왔다
별이 환한 것은 바람에 몸을 씻기 때문이다
집착을 단절하고 남은 추억이 길게 늘어져있는
싸리비질 한 마당같이 어둠이 단아한 밤
그녀가 자신이 낳은 인연을 데리고 길 떠나
가위눌린 가슴에는 냉기가 우물같이 고였다
나에게 젖을 물려준 어미였을지도 모를
내 몸같이 사랑했던 딸이었을지도 모를
잃어버린 인연은 그렇게 돌아오고 떠나갔는데
전생의 보따리를 든 그녀는 어디에 있을까
오래된 비석을 가슴에 탁본하고 한없이 울었다

거미집

너무 마른 탯줄은 아닌지
빨판같이 달라붙는 고독
진정 살아있기는 한걸까
잠 설친 쭉정이는 공중에 걸리고
상한 마음을 맥없이 다지고 있는
허한 구멍들의 나이테
추락하는 죽음을 바라보면
가시광선이 아련하게 흔들렸다
장마당처럼 시끄러운 세상에서
무엇이 우리 인연을 쥐고 있는가.
토막 진 마음을 이어 살면
풍문에 불시착한 껍질들은
먼 하늘의 막연한 안부였다
침묵 속에 비명을 질러대도
전혀 숨이 없는 거미집
오늘 없으면 내일이 무슨 소용인가
눈물을 잃어버린 날은
이슬을 줄줄이 엮어 매달았다

달팽이

별들이 귀향하는 하늘
이미 어긋난 여정으로 흘러간
그대는 발자국이 없었다
허둥거리는 죽음의 경계에서
핏줄 같은 궤도를 밟고 기적 울리지만
누구도 종소리는 듣지 못했다
잡을 것 없는 우주의 길에
지고 가는 집이 있어 너무 느린
다리가 없어서 차라리 느린
달팽이의 생은 아름다움이었다
꿈의 무게를 감당하지 못하고
시시로 시드는 꽃잎같이
추억은 남아있는 사람의 것이지만
내 마음에서 그대 마음으로 기어가는
달팽이는 우리 사랑이었다
다시는 이탈할 수 없는 길
바람 속에 흔들리는 기억으로
누가 날개를 달고 날아서 갈까

잎이 울다

갈대숲 비비새둥지에 머물던
낮은 목소리 불어오면
오직 떨어져야한다는 질시
잎들은 배 하얗게 드러낸 멀미를 했다
밤이 서툰 시름같이
불 꺼진 등이 이파리로 더없이 흔들리는
바람은 요염하게 일어나고
구름에서 무수히 쏟아진 깃들이
가지에 매달려 울며 부디 치면
자살은 자신의 살인이었다.
죽음이 서성이는 계곡의 후미에서
저 달이 내 곁에 오기까지
보름을 쉬지 않고 울었다
어쩌면 이 길이 마지막일 수도 있지만
미련으로 불순하게 침전된 인연
나부껴야한다는 소망이
단두대에 우울한 소름으로 돋아
바람은 어김없이 칼날을 품고 돌아왔다
상처를 아픔으로 치유해야하는
세월 열차가 미친 듯 달리다
잎이 떠가는 강물에 잠겼다

이 은 자

경기도 파주 출생
한국문인협회 회원, 밀레니엄문학회 회원

수상 : 한울문학 시부문 신인문학상
대한문학세계 시부문 추천시인 문학상
한전400호 특집 시부문 동상
향토문학상
저서 : 시동인연합 사화집 〈봄 그리고 가을, 길 위에 길이 되어〉
외 다수, 월간 문예사조, 문예사랑 등 다수 공저

대전시 대덕구 중리동
전화 : 010-3172-0855 E-mail : ja3935@hanmail.net

프러포즈

내 마음이 콩콩 뛰고 있어
후라이팬에 올려진 검은 콩처럼

투명하게 내 비춰 질
속마음이 부끄러워
뱅뱅이 쳐 보지만
여지없이 톡톡
속살을 내 보이며
웃고 있네

내 안에 이미 숨어든
고소한 속삭임
어느 높이만큼
점프할 수 있을지 모르지만
한번
같은 높이로 도약해 보고도 싶어

내겐 천길 나락으로
추락할지도 모를 모험이지만
사랑 그 안에서
우리
튀밥처럼 하얗게 튕겨 오를 수 있다면
나 그대와의 춤을
멈추지 않겠어

몽사

따뜻한 숨결이 코끝에 머물면
포개진 입술 사이로
가느다란 음소(淫訴)가 살갗을 삐집고
잔뿌리처럼 칭칭 감겨진
실핏줄에서도 은근한 파동이 인다

파릿한 추위가 빨갛게 덮이고
더듬이처럼 솟은 오감은
감은 눈 사이에서도
나신을 더듬고 있다

온몸이 꽈배기처럼 꼬일 쯤이면
미친 영혼도 하늘을 날고 있다

간간히 돌아온 이성이
홑이불을 젖히고
목을 조일 땐
갈대밭에 숨어 우는
바람의 소리를 흉내 내고 있다

거울

너는 알고 있잖니
무엇이 그리 홍에 겨워
때도 없이 목젖을 젖히며
옥구슬을 굴렸는지

너는 알고 있잖아
세상 다 산 사람처럼
너를 마주하며 서럽게 울던 나를

따라하지만 말고
나의 실체를 투시해 주렴
내가 눈을 감아야만
보이는 영상까지

너를 들여다보면
내가 아닌 그가 보일 수 있게
눈을 감지 않아도
나 그와 마주설 수 있게
내 안에 사는 그의 모습까지도
너를 통해 볼 수 있게

상사화

해와 달이
공존 할 수 없듯이
너와 난
영원히
하나 일 수 없나봐

밤새 뱉어 낸
안개빛 그리움
네 창가
찬 이슬로 머물다
너를 만날 순간이면
이렇게 매번
또르르
눈물처럼 구르니

내 영혼을 취하소서

비록 내 몸은
당신 그늘을 벗어나 멀리 있지만
마음은 그대 몸에 딱풀입니다

아무리 아니라고 변명하고
쌍수를 들어 몸 사래를 쳐봐도
제어 할 수 없는
영역 밖의 내 영혼은
어느새 저만치 당신을 좇아 달려가고 있는 것을요

하루에도 몇 번씩
밤과 낮을 뒤섞는 이 변덕도
영원히 끝나지 않을 내 사랑의 테마 엮기였던가요
그나마 다행인 것은
누가 시키지 않았어도 스스로 의식하지 않아도
여전히 당신을 끌어안고 해바라기 하고 있다는 것

아무것도 생각하지 않으렵니다
가식 없는 내 영혼의 몸짓에 그저 따르렵니다
그것이 정석이라 여기며

정말 내 영혼을 살찌우는 것이라 믿으렵니다
내 영혼 그렇게 맡겨 두고
하질 없는 이 몸은 방관자로 남겠습니다

내 영혼의 주인인 당신
당신 뜻대로 하옵소서…

이것이 사랑이다

오물오물
네 생각을 씹다가
뱉어 낸 토혈
고통이었지

내 안에
실답(失答)을 가둬 두고
하루를 재우니
상사화로 피더라

새알처럼 품고 싶은 사랑 하나

낙엽 구르는 소리 하나에도
의미를 부여하고 싶을 만큼
아름다운 사랑 하나
내 가슴에 품고 싶다

굳이
느낌표를 괄호 안에
가둬두지 않아도
그가 알 수 있도록
내 대답엔 마침표를 찍지 않으리

한 사람의 물음에 끄덕끄덕
긍정의 몸짓을 보일 수 있는
여유로움
난 그에게
그런 쉼표이고 싶다

눈이 오면

눈이 오면
제일 먼저
무엇이 하고 싶냐고
그대가 묻는다면

난 이렇게 되물을 것이다

눈이 오면

당신은
가장 보고 싶었던 사람이
누구였더냐고

너 그리우면

너를 생각하면
내 가슴에서 둥둥둥
북소리가 들린다
그 소리에 이끌려 쫓다보면
암흑 속에서도
네 모습이 선명해

그림자 없는
실체를 뒤 밟아 가다보면
여지없이
새벽 모서리에
찢겨 숨진 네 모습과도
만나게 되지

하늘이 다시 열리고
한 줄기 빛이
내 목을 조일 때
북채는 더 빠르게 춤을 춘다

내 목소리가 네 목에 감길 때까지
네 그림자가 나를 업고 달릴 때까지

어긋난 인연

태산이 무너져도
그 아래 내가 있고
강물이 범람해도
그 밖 풍경엔
내가 존재하니
이러지도 저러지도 못하는
그네 심정을 왜 내 모르리오

꽃이 피면
우리 사랑의 표본이려니
쪽달 뜨면
해바라기하다 지쳐버린
내 님의 얼굴이려니

그렇게 공상으로 매 시간
도둑맞다 보면
서러운 건 내 청춘
그러니
당신의 하루만 서글프다 탓하지 마오

두 다리는 건재하나
맘껏 도약 할 수 없고
목소리 아직 낭랑하나

그대 소리쳐 부를 수도 없으매
눈물로 굽이진 인생길

그래도
그런 그대를 그리워 할 수 있어
그런 그대의 허상
밤마다 끌어다 안을 수 있어
그나마 다행이라 생각하며 위안 삼으렵니다

그대 당신으로 인해
행복하다 그리 말하렵니다

내가 가는 길

내가 가야 할 길
내가 가야만 하는 길
내가 가지 않으면 안 될 길
내가 갈 수 밖에 없는 길
어떻게 물어도
어떤 유혹에도
대답은 하나
길도 하나

그 길 끝에는
날 기다리는
날 사랑하는
내가 사랑하는
그가 있기에...

전 민 정

한국문인협회 홍보위원, 한국여성문학회
한국기독교시인협회, 미당 시맥회 회원
현대극단 배우, 뮤지컬 〈지저스 크라이스트 슈퍼스타〉
〈사운드 오브 뮤직〉 출연

수상 : 부산국제연극영화제 대상 〈그대의 말일 뿐〉 출연
시집 : 〈어찌 그대를 꽃에 비하랴〉〈갈대처럼〉
〈그림자가 그린 액자〉 등 다수

서울시 강남구 개포2동 주공아파트 420동 202호
전화 : (02)451-4368 HP : 010-5668-4368

오늘도 나는 비바체다

느림을 한탄하다
우울증에 걸린 달팽이가
하나 가득 등짐을 지고
습한 곳을 찾아 휴식을 취한다

빠른 삶을 사는 것이
정답이라도 되는 듯
자유라도 제대로 느낄 수 있다면
나머지를 이루는 전력질주 구간을
조금 더 힘차게 견디어 낼 수 있을 텐데
나는 고즈넉한 길 보다
빠른 길을 택하여 가고 있는 건 아닌지

쉴 곳을 찾아 움직이고 또 다른 길을 찾는
내 발 앞에 작은 달팽이는 나와 닮았다
그러나 오늘도 느린 내 발걸음은
비바체를 향해 가고있다

여기 있음이야

배부른 새들은 이른 아침
자동차 위에다 속을 비우고
높이 오르며 시끄럽다

버리고 사는 것이 높고 크게 사는 것일까
그들이 가지가지로 휘젓고 간 후
길가의 잡초들은 수런거리며 수다를 떤다

버릴 것은 욕심이요 취할 것은 자유건만
세상에 내가 묶여
버렸다가도 다시 차오르는 번뇌
단순해져야지 한 곳으로 치우쳐 무너지지 않도록

찻잔에 물을 내린다
남은 속내 천천히 쏟아내며
욕심 버리고 취할 자유
여기 있음이야

촉각의 맛

터치폰 하나가 나에게 왔다
네 몸에서 사이버가 창조되고
내 손 끝이 닿을 때 마다
천지창조의 새로운 세계를 만든다
나는 너의 마음을 느끼고 싶어
감수성에 터치하며 도전한다

촉각과 아이티가 손을 잡은 후
내 몸은 닿기만 해도 전율이다
버튼 하나로 우주는 열리고
기계에 반응하는 소통의 시대에
나의 터치 기술은 늘어만 간다
스킨십을 넘어선 채팅과 메신저
영상통화까지 넘나드는 이 만남의 공허함

난 오늘도 오랫동안 부재했던
그 사람의 이름과 사진을 누른다
누군가 나를 터치해 주기를 바라면서
촉각이 주는 쾌감을 살며시 음미한다

거미줄의 마법

수천수만의 거미줄을 엮어
바이올린 현을 만들면
부드럽고 깊은 음색을 낸다고
오사키 박사는 말했다

왕거미가 연을 타듯 줄을 타고 날아서
이 섬과 저 섬 연결해 집을 짓고
수컷은 종일 페르몬을 뿜는다

지구를 돌고 돌아도 가벼운
비단을 만들어
구멍 난 내 삶을 꿰매고 싶다

거미가 쳐놓은 마법에 걸려
거미의 구명줄을 당기며
흔들리더라도 끊이지 않는 집념의
스파이더맨이 되고 싶다

그림자가 그린 액자

시간을 따라가다 순간에 사라지는
덧없는 그림자를
네모난 틀에 끼워 맞춘다

빛이 그린 그림들이
제각기 말을 걸어오면
나는 그것들을 주섬주섬 담는다

세상은 움직이는 그림자
결정적 순간을 위하여
오늘도 실체를 찾아 떠난다

완성된 그림자는 없다
아직 물오르지 않은 나무 한 그루 붙잡고
거기 들어가 서있을 뿐이다

나는 유권자

모르는 일들이
장막 뒤에서 운명을 판가름하고 있다
그것들은 어둠 속에서 색깔을 풀어
서서히 바다 한 가운데로 흘러간다
돋보기를 쓰고도 어리둥절해 있는 사이
이미 잔치는 끝났다

흥정과 협상으로 헝클어진 실타래들은
화합이라는 타협점을 찾지만
어떤 누구도 말릴 수가 없다

국기에 대한 경례와 애국가 제창
순국선열에 대한 묵념을 하고
충성할 것을 맹세했던 학창시절이
그리워지는 것은 왜일까

아무도 반대하지 않고
아무에게도 찬성하지 않는
동그라미 하나에 내 얼굴 그려
평화로운 한 표 나에게 던져야겠다

재스민(jasmine)

"당신은 나의 것"
달콤한 향기가
우울한 마음을 평온하게 한다

양재동 꽃시장
이국적 이름보다 순박한 재스민이
나를 보고 미소짓는다

꽃을 목에 걸고 그 향기에 취해
사랑을 속삭였다지
나도 이제 사랑을 허락할까

수십 년 장기집권, 숨 죽여 지냈던 세월
튀지니에서 시작된 민주화 혁명이 하필
재스민 혁명 이란다

나는 재스민 차 한 잔을 마시며
창밖을 내다본다
혼자만의 혁명을 하고 있다

따뜻한 저녁

도시는 휘황한 욕망의 불빛
그러나 눈과 귀는 서로의 대화를 차단해
둘러앉은 자리는 아득한 사막이다

어둠을 타고 걸어 나오는 사람들
사랑은 빌딩 유리벽 속에 감금당하고
믿음을 송두리째 저당 잡힌 슬픔
나는 빈 몸만 끌고 다녔다

냉수를 들이킨다
물 내려간 저 깊은 곳에
맨발인 내가 서서
서늘한 호흡을 정리한다

그러나 이제 지친 몸으로 돌아오는 사람을 위해
저녁상에 불을 밝혀야지
함께하기엔 불빛 하나로도 충분한
따뜻한 저녁을 차린다

내 집인걸

어디서 살면 어때
딱 딱 딱딱
아침마다 쪼아대는 새

눈 감아 주자
녹슨 양철 환기통에 몸을 부딪쳐
머물다 가고 싶은 저들

어떻게 살면 어때
먼지와 소음 속에서
목숨의 둥지를 지으려는 작은 몸짓

잠시 머물다 갈 곳
아직도 비워내지 못한
새 가슴보다 좁은 내 마음
여기가 내 집인걸

사랑은 여행이다

정한 곳 없이
무작정 여행을 떠났다
자유로울 수 있으니
얼마나 다행인가
되도록 멀리 떠나자
배낭 가득 시간을 담고
선명한 쾌감을 만나러

언어도
음식도 문제되지 않는다
누운 곳이 쉴 자리요
떠난 자리에서
거쳐 가는 거리마다
그 어떤 것과도 비교할 수 없는
순간을 사랑하고 싶었다

오랜 시간이 지난 후
몇 장의 사진
바라보는 것만으로도 가슴 벅차는
지구 반대편 맨발로 서 있는
작은 소녀의 그렁그렁한 그 눈이
자꾸만 생각난다
다시 떠나야 할까 보다

또 하나의 사랑

하늘 빛 브로치를 달고
오늘은 어디로 갈까
대학로 마로니에 가을 공원에는
무수한 사람들이 낙엽을 밟으며
걸어가고 있다
나는 예쁜 낙엽 하나 가슴으로 주어 올렸다

이맘때면 모든 것이 빨리 지나간다
그리움도 아픈 사랑마저도
어디든 가고 싶다
세삼 고를 것도 순위를 정할 곳도 없이
지금 남아 있는 건 오로지 미안함 뿐

시간도 사람도 계절에 묻혀 지나가는 지금은
놓치지 말아야 할 것들을 기억해야 하는 시간
다 접어야 가벼워 질 수 있는데
나는 오늘도 낙엽하나 책갈피에 꽂아
부질없이 또 하나의 사랑을 채운다

손 문 주

경남 산청 출생
한국문인협회 회원, 밀레니엄문학회 회원
대전가톨릭문학회 회원

수상 : 한울문학 시부문 신인문학상
대한문학세계 시부문 추천시인 문학상
공저 : 〈길 위에 길이 되어〉〈봄 그리고 가을〉 외 다수

대전시 유성구 관평동 테크노밸리@ 611동 1001호
전화 : (042)638-4367 HP : 010-7689-4367
E-mail : sonmoonju@hanmail.net

앵초꽃

작은 꽃잎
살폿 웃음 짓는
분홍 옅은 향기로움
보드런 날갯짓
겸손 순명의 삶
침묵의 바람결 따라
멈추어선 나그네 발길

창녕 함안보

그리움의 큰 날개
한껏 펼치어 부르는가
시원한 강물결 창녕 함안보

낙동강 물길 따라
고니의 정겨운 노랫소리
푸르른 생태습지에 가득하고

강마을 어부들
늘어난 어류 즐거운 환호
4대강 가꾸기 노고의 땀방울

벅찬 미래의 꿈
함께 부르는 콧노래
가슴 가슴마다 보람꽃 핀다

푸른 그리움

맑은 미소가 아름다운
그가 겸손으로 땅에 엎드렸다
세상에 죽고 천상에 살으리라는 다짐
푸른 그리움을 가진 이들이 함께
기도하는 그곳에 열 두 사도는
ad sum*하고 크게 대답한다
부르신 이는 하느님
초대받은 이는 피조물인데
응답의 선물로 神이라 불리우는 영광
인간의 이해를 초월하는 영역
작은 비둘기의 날갯짓 소리
하얀 눈꽃이 창으로 날리운다
높이 높이 더 높이 창공의 끝자락까지
낮게 낮게 더 낮게 심연의 깊은 곳까지
천상의 향기를 퍼뜨리는 발걸음
동서남북 어디든 줄기차게 나아가라

* ad sum : 예, 제가 여기 있습니다.

아바타

가상의 세계
첨단과학의 신비로움
성장한 아바타는 숲으로 간다

자연의 빛은
아바타의 현실을 그리고
버려야 할 실제의 아픔을 보여준다

초자연의 빛으로
생명의 존귀함을 위해 싸우는
거룩한 영혼들의 드높은 기도소리

부활의 삶을 위하여
죽음의 껍질 앞에 버려진
인간 욕망의 처절한 패배를 보라

어떻게 살아야 하는지
어떤 모습으로 삶을 그려야 하는지
무엇을 후손에게 물려주어야 하는지

행복

고운 눈빛
살그니 감싸는 손길
부드러운 격려의 말
평화를 빌어주는 기도
그대 안에서
마음껏 행복의 날갯짓
아픔의 눈물 거두어
작은 호주머니 넣으면
하얀 비둘기 솟아오르는
아름다운 사랑의 마술사
기쁨의 주문을 외면
기쁨의 열매가 주렁주렁
감사의 주문을 외면
감사의 열매가 주렁주렁
천상의 지혜를 외면
하이얀 눈송이 소복소복
모든 것을 애덕으로 덮으라 하네
모든 것을 사랑으로 감싸라 하네

첫눈 오는 날

친구야
첫눈 오는 날
우리 만날까

창 넓은
카페에 소롯 앉아
헤이즐넛 커피를 마시며

오랫동안
이야기를 나누다가
창밖의 이쁜 풍경에 행복해 하자

좋은 친구야
하얀 눈 속의 드라이브
정말 기분이 산뜻할 것 같지 않니

눈 내리는 강가
아름다운 물빛 속삭임
서로의 가슴을 흐르는 작은 기쁨이 되자

참 좋은 나의 친구야

멈추어 선 마음

잊혀진 듯 아쉬운
멈추어 선 마음
넌 알까
얼마나 많이 아파하는지
헤어짐도 없이
이별의 뒷모습만 남긴 채
영혼의 얼룩진 상처
멍든 가슴을 안고
먼 길 돌아와
울어야 하는 비탄
거치른 미래의 방황
우리 함께 가 아닌
홀로의 긴 여행
그래 넌
정녕 날 떠나려는지

노루목 비가

지금쯤이면
그대 잠든 노루목
가을의 향기로
온 산 물들이면서
못 다 부른
삿갓의 방랑노래
낙엽마다
한 잎씩 새기고 있겠지요

살아서는 하늘 볼 수
없다한 슬픔
이젠 마음껏 하늘 보며
남아진 시향
영월 산하 쏟뜨리면
고운 칠색무지개
맑은 강물 따라
시인들 가슴에 새겨집니다

그대 안에 머무르고 싶다

일상의 삶 속에서
한 순간도
그대 없이는 살고 싶지 않습니다

맑은 하늘을 바라볼 때
살랑거리는 바람을 느끼면서
봉긋한 목련 봉오리의 기다림처럼
내 마음도 오롯하게
그대 안에만 머무르고 싶습니다

그대가 내게 허락하신
소중한 생명의 아름다움으로
맑은 사랑의 노래 부르면서
그대와 나
일치된 하나의 삶을 살고 싶습니다

푸른 바람의 노래

너는
꼭꼭 숨어서 울어도
푸르디푸른 향기가 난다
밤 깊은 고요
침묵으로 뚫어버린
초록의 음률을 밟아 가면
키 작은 갈대
속 비어진 슬픔을 부비며
맑은 바람의 노래를 부른다
기다림 없는 길목
초대받지 못한 생명이 되어
구걸하는 목숨으로
초점 잃은 동공
의지하여 기대어 서면
누울 듯 쓰러지는
작은 어깨가 무거워서
뒤척이다 뒤척이다
철저한 어둠의 장막
끝내 걷어 내지를 못한다
너는 그렇게
꼭꼭 숨어서 울어도
푸르디푸른 향기가 난다

술래 놀이

커다란 마당에
조막조막 아이들이 모여서
이리 저리 숨어드는
술래 놀이 한바탕
작은 몸
어디 숨을까
요리조리 궁리하는 눈망울
들키지 않으려고
애써 찾은 은신처
웅크린 몸
얼굴가득 환한 미소가 일고
"무궁화 꽃이 피었습니다"
술래 된 친구의
흥겨운 노래 한 자락
열 송이 무궁화 꽃을 애써 피우고선
귀여븐 깍짓손을 눈에서 뗀다
살금살금 다가오는
발자국 소리
숨죽여 가슴 에우는
동무의 눈웃음
영락없이 찾아내는
술래의 솜씨
냅다 먼저 달려서
"찝~~" 하는 성급한 마음
즐거운 술래 놀이
한바탕 마당이 시끌벅적 하다

류 시 정

한국문인협회 회원
밀레니엄문학회 총무, 천수문학회 총무
서울문학회 회원, 화백문학회 회원
서초문학회 회원, 문해교육교사회 회원

수상 : 서전시 문학상
저서 : 〈그대 향기를 기억해 내고〉
공저 : 〈나를 만나 행복했나요〉 외 다수

서울시 송파구 마천1동 376-32 늘푸른마을 502호
전화 : 011-9779-2079
E-mail : grasia-ryu@hanmil.net

단풍

낯선 세상 찾아와
연하디 연하게
산하를 물들이더니
어떤 잎 먼저 가고 먼저 지더라

그것도 새끼 사랑이라고
많은 가족을 거느린 가지
설렁설렁
바람에 온 몸이 쉴 틈이 없다

떨어지면 이내 이별인 것을
헤어지지 않으려
휑한 바람에도 놓지 않는 손
그 힘에 얼굴까지 붉으라

가을의 뒤안길

울창한 권력의 숲으로
화려한 세력을
뽐내던 잎새들도
아낌없이 보내야하는 섭리

후세를 위해
허세도 버리고
사치도 벗어버리고
가느다란 줄기로 남아야 할 때

센 바람도 맞으며
희망은
서릿발 양탄자 위를 걸어
손님처럼 찾아온다

가지에 매달린
바람의 축가
연분홍 저고리 입은 산들이
콧노래에 홍겹다

주름살 1

가늘고 굵은 선을
뒤돌아본다

마주앉은 그대가
낯설다

윤기 나는 초록가을
떠나는 몸짓의 화려한 유혹

빨주노초 벗어버린 알몸에
거미줄 같은 흔적들

안으로 새 한 마리 날아와
남쪽 소식을 들려주어도

마주앉은 그대가
주름 속에 낯설다

가을 4

안개에 쌓여
어떤 것도 제대로
보이지 않는 세상을

건조한 냉기로
다가오는
가을날 새벽안개

가라 가거라
손사래 쳐봐도
시야를 가리는 그대

타는 가을을
이대로 볼 수 없다는
시샘인가

먼지 같고
솜털 같은
그 소약(小弱)한 존재 위로

세상을 읽으려는
태양이 뜬다

파도

바람 부는 수평선
굼실굼실 다가오는
당신은 낙타 등

덮어오는 땅거미
그림자로 밀어오는
당신은 파도

꽃길을 걸어오는
아이처럼
티 없는 밝은 얼굴

이슬 맺은 보리밭에
햇살 들듯 조용히
맑은 아침으로 오셔요

파도여!
물밑 산호
산을 볼 수 있게
잔잔한 물결로 오셔요

동백꽃

동짓달 추위에
생명의 탄생을 축복하는
산화의 꽃송이 하얗게 뿌리면

겨울 좋아
들녘을 달려 온
아이의 싱싱한 얼굴

가슴 가득 담아둔
그 무엇이 있기에
분수처럼 붉게 솟아나는가

동지섣달 추위에
살랑이는 꿈들이
수정 빛 저고리로 단장을 한다

겨울 1

혹독한 겨울은
희망을 숙성하는 독

한 잎 떨어질 때마다
뿌리 하나 내리고

서리 옷 흔드는 바람도
막을 올리려는 자양분이다

모진 눈바람과의 입맞춤
새싹 틔우려는 기다림으로

만물의 성장을 위한 인고(忍苦)
그 속에 봄이 숨었네

겨울 2

밤이 새도록
영롱한 눈물 녹아내려
반짝이는 은빛으로
소리없이 오시는

서릿발 돋우어
허벅이는 새벽길
여리게 열리는 빛으로
따뜻하게 다가오신

바람 부는 언덕에
금빛노래 부르는 황혼녘 풀잎
아지랑이 지휘에 맞춰
오케스트라 교향악으로 오실

먼 나라의
그리움 가득 안고
밤 새워 찾아오신
당신은

관계

택배로 실려 온
쑥 냉이 달래 머윗잎
풍선마음에 바람이 인다

이웃은 아직 잠에 취해있는데
남쪽 올케 마음 밭에서 자라
내게로 날아온 봄나물들

쑥국 되어 집안 가득 봄 이야기
베란다 꽃 속에서
활짝 미소로 피어난다

봄과 맺은 향기로운 관계들

초승달

고단함으로 무게 불린
버스에 올라

내 시선 마주보며
미소 짓는 가슴

활기차기 위해
충전하는 포근함

둥지를 향해
터덜터덜 걸었다

초승달 함께
더 커갈 기쁨들

그대

그대 발자국소리만
따라갔더니
바람 따라 떠나는
마른 낙엽의 손짓이네요.

휑한 마음이 되어
붉은 노을 따라갔더니
하늘하늘 하늘에
햇살 받은 구름의 얼굴이네요.

김 성 자

함경남도 원산 출생, 충청북도 괴산 성장
문예사랑, 문예사조 등단
한국문인협회 회원, 밀레니엄문학회 회원
한국문예사조문인 회원

시집 : 〈멈춤이 없는 현〉
공저 : 〈길 위에 길이 되어〉 외 다수

서울시 서대문구 북가좌 2동 가재울
아이파크아파트 101-1201
E-mail : ksjksj0622@hanmail.net

멈춤이 없는 현

— 이명(耳鳴)

바닥으로
안개 자욱한
샛강이 흐른다
그것은 잊었던 기억의 긴 밀월여행이다

여름날의 투명했던 노래는 먼 여정 돌아
녹슨 살을 뚫어 흔들고
설산을 넘은 바람은 뼈피리를 불며온다

둥둥 풍물소리 멀어졌다 잦아졌다
무색무취, 무형의 유령 같은
비행의 몸짓

쏟아지는 빗줄기에 우수는 쓸려
작은 공간 속 장강으로 흐르는
멈춤이 없는 현이여.

영혼의 꽃

한 번의 섶 자리 불길은
염주빛 싸리나무 흔들던 설한풍에도
사뭇 거침이 없다

타오르던 꽃, 산화의 그날까지
생살 찢는 아픔에도 먼
어느 하늘가의
황토 빛 주름진 세월만 사르는가

어디에서 발원한 시원이기에
원색으로 피어난
계곡 저편의
청수한 그리움이여

그대, 영원히 멸하지 않을
영혼의 방으로 창이 열리면
행여
그 진하던 꽃의 향내 잦을까

호로하* 황포돛배

하늘에 낮달 울음 울어
강물에
서러움 하나
유유히 떠돈다

건너 마을 지구상에
사람 내음이 없는
얼어붙은 하늘
재두루미 꺼억꺼억
허허로이 날아간다

언제일까
저 장벽 무너지는 소리
그리운 내 형제

얼싸안고 태울 날

붉은 노을만 가득 실어
쓸쓸히 돌아오는
황포돛배

*호로하 : 임진강의 옛 이름

청국장

고향에서 달려온 택배
투가리빛
형님이 나온다

곰팡내도 구수한
바람이 길러 낸 풍미
군불 땐 아랫목
곰삭은 청산의 달로 박혀

예전의 일들이 덩이로 달린
흔들리는 호롱불에
잔물결 인다

그리운 사람 행여 멀어질까
질끈 동여매는
묵은 정이여

서리꽃

소리 없이
백의(白衣) 형상으로
잠시 머물다
속절없이 떠나리라

빛으로 오실 그대
길목에
실비단 늘어놓은
마중물*인 것을

밤새 이슬 빚은
영혼의 빛이던가
천상의 꽃이던가

짧은 순간
꽃으로 왔다지만
서럽지 않아

온밤 길어
별을 노래하리라.

*마중물 : 펌프에서 물이 잘 나오지 아니할 때 물을 끌어올리기 위하여 위에서 붓는 물

달과 박

된서리가 너의 몸을 매질할 때
불꽃같은 사랑
하얗게 익어지더라

마른 넝쿨에 매달린
창백한 얼굴일 때
너는 구름 벗어 빛으로
내 안을 품었더라

하늘 아래 꽃이었다가
한때는 달이었다가
지금은 화안한 웃음이더라

사랑, 그 너머의

멀리 계곡 틈 사이
산바람으로 흩날리던
잊힌 낙엽의 사연처럼
잿빛 거리
신음하는 연유에는

모진 생명의 그 너머
빛의 호흡을 보았음이니
또 다른 생명 줄기의
맥 풀린 휑한 눈망울
사랑을 보았음이니

가늠할 수 없는
이타의 마음
꿈의 샛강을 타고 도는
작은 날개깃에
아스라한 장강만이 흐른다

낙조(落照)

온 몸 사르어
한 생을 살고
함지(咸池)*에 머문다

혼신을 다해
마지막 빛살 당겨
산천에 불꽃 핀다

천지간 물, 다
퍼 올려도 끌 수 없는

영원한
성화(聖火)

*함지(咸池) : 해가 진다고 하는 서쪽의 상상의 큰 못

거미

하늘 끝가지의
흔들리는 요람
살 내어 뼈로 엮은
씨줄 날줄의 무형의 문양은
또 하나의 세상을 꿈꾸며
푸른 낮 빛을 유혹한다

외면할 수 없는
처연한 먹이 사슬의 슬픔에
몽환의 날선 발톱을 세워
오늘 하루치의
남루한 밤, 긴 여로의 여울 길에
끝없을 통곡의
빈 껍질로 옷을 벗는

비워낸 청빈만큼만
자색 옷고름
허공에 내어준 후에야
훠어이 장송곡 하나 풀씨처럼 날리며
이승을 넘는다

정 기 원

『문학공간』 등단
한국문인협회 회원, 한국문협 당진지부 회원

수상 : 매월당 김시습 문학상
문예사랑 신춘문예 시부문 당선
시집 : 〈벽에 걸린 세월〉〈돌탑에 소망을 얹다〉
〈가슴으로 전하는 말〉

충남 당진군 당진읍 읍내리 409-7
중앙맨션 라동 201호
전화 : (041)354-3030 HP : 010-4703-3517
E-mail : drops123@hanmail.net

첫 눈 내리는 날

어설픈 마음이다
친구가 그리운 날
오토바이 소리
오솔길 따라
길을 만들어간다
누가 지나갔나보다
다시 오려나
귀를 세우고 기다리는
불러 세워 입맞춤 해봐도
시원치 않은 아침
첫 눈치고는 매섭게 그립다

목이 뻐근한 아침
이별을 준비하고 있는 건가
마지막 이파리마저
바람에 흔들거리다가
깊은 신음 소리 내며
쥐었던 손을 놓는다
문자메시지로
달려온 친구의 부음 소식
믿고 싶지 않은
첫 눈 내리는 아침

가을

늙은 소나무 하나
구름을 타고 오르다
바위에 걸터 앉아있다
숨이 차오르는 모양이다
중년의 가을답게
산을 오르는

견인된 삶
빛에 부서져
재래시장에 걸린
기성복처럼
배고픔에 질려
線을 응시하고 있다

숲이 잠든 사이
이파리
하늘을 향해 높이 오르다
살며시 내려앉는다
사람들로 북적거리는,
열반에 든 수덕사*의 가을

*예산군 덕산면 소재

양파 껍질 벗기기

어디까지 진실인지
벗겨도 답이 안 나온다며
아침부터 바가지 긁는다
남은 정은 다 말라버려
빈 수레만 고개를 넘는다
다 벗어버려 가릴 것 없는
길 위에 혼자서서
벗기기 게임에 도전한다
메아리처럼 돌아오곤 하는
투정 가득
흘린 눈물만큼 단풍잎처럼
살며시 다가갈 수 있다는 거

힘들게 일구어 놓은 밭을
태풍이 송두리째 휩쓸고 지나간
빈자리
깊숙이 숨겨진 그곳에
강이 흐르고 있었다
하늘을 올려다보고
맘을 비운 고해성사
흘린 눈물만큼이나
채워줄 수 있는
사랑이 얼마나 있는지
오늘은 되묻고 싶다

바람에 실려 온 편지

어머니 가슴이 그리운 아침
북서풍이 불더니
아침부터 장대비가 쏟아진다
추녀 끝에 밤톨 가득한 사랑
산을 오르내리며
자루 가득
맘을 주워 담았다
젖은 옷은 그리움이고
땀내음은 달콤한 사랑이다
눈물이 말라 더 이상 흐를 것이 없는,
내 머리 위로 툭, 떨어지는
가을 편지 한통
가시지 않은
잠이 덜 익은 목소리
한동안 멍하니 하늘을 바라보다
가득 짊어지고 산을 내려온다

꽃
— 부용화

여름날
방조제 전체가 물들었다
분홍 저고리로
무슨 사연이 그리 많은지
병풍처럼 가리어진
인연의 꿈
아스팔트 열기도
다 식혀버린
견우와 직녀의 사랑처럼
분홍빛으로 물들어 있었다

천렵(川獵) 야화

동심으로 여름 사냥에 나섰다
등줄기에 흐르는
땀에 태양도 웃고
나도 웃고
빠져나가는 피라미도 웃는다
흐르는 물은 차고
햇볕은 불덩이다

여름, 백 미터 달리기 선수처럼
출발선에 길게 늘어서 있다
동화 같은 줄거리를 찾아
냇물에 그물 던지면
한 폭의 물그림자
술래잡기하는 물고기
찾기 놀이 중
늘상 하던 어부처럼

은봉산 斷想

여름 언덕 터뜨리는 산딸기에 취해
안국사지*를 찾은 오전
비닐하우스 속에 묵혀버린
시계, 쉬고 있는 것일까
오래된 절 항아리 속의 된장 맛
잘 숙성된 부처님 말씀이고
태양 볕을 머리에 이고 서 있는 석불은 웃음 가득
은봉산을 지키는 보물이었다

초행길은 아니지만
마음 푼 기다림은 불경의 독백이다
계곡은 소리 없이 받아들이고
공양 준비하는 보살, 육신의 고행이다
마당에 서 있는 늙은 소나무
중생을 기다리는 석불 같아
나는 배고픔에 지친 어린아이가 되었다

*안국사지 정미면 수당리에 있는 절

소망

찍 갈라진 손바닥
고랑을 만들어 둑을 세우고
가득 펴 올려도
찢기어진 틈사이로
한숨만 가득하다

산 계곡으로 물줄기 거세게 내려온다
둠벙 가득이 찰방 거리는 소리
간밤에 잠을 설치던 꿈
건너편 산에 밤꽃이 시들 무렵
기다림으로 물들던 소식인가

주인 없는 자전거

시간이 증발해버린 자전거 한 대
갯내음 풍기는 개펄에 앉아있다
찾아 헤매는 사람 없어
홀로 녹이 슬었다
구경나온 사람들 북적거리다
차례차례 다들 떠나고
빈자리 지키다 늙어버린
자전거 한 대 주인을 기다리다
지쳤나보다 나처럼,

떠나가는 저녁시간 관광버스 기다리다
낯선 사람들 길을 잃고 서성댄다
어리석은 사람들이 쓰다버린 시간은
어쩌면 다시 돌아올 수 없는
한 페이지 종잇장처럼
불어오는 갯바람이 넘기고 또 넘긴다
전화번호 없는 자전거 한 대
시간을 지키고 앉아있다

돌계단

닮고 싶어 산에 오른다
돌계단을 하나 둘 쌓아
발디딜, 고개를 넘으면
산을 닮아 넉넉하게 웃는다

바람에도 흔들리지 않는 돌계단
찾는 이 맘 가득하다
하나하나 돌을 굴려
환하게 밟고 오는 주춧돌이 되리라

세월이 흘러도 변하지 않는
돌이 되어, 마음의 성을 쌓는다
담장 너머로 환하게 웃는
돌계단이 되고 싶어서

흔적

오래 전 태풍이 휘몰아쳐 허기지던
당진천(唐津川)
지금은 아침저녁으로
꽃향기 가득하다
햇살을 마시고 시를 품어
잔잔히 흐르는 천(川)에
연인 같은 사랑이 잠자고 있다
지금은 재활 치료 중
바람에도 흔들리지 않는
꽃을 위해
봄을 태워 하늘을 여는

벤치에 앉아 지인의 시집을 읽다가,
맘이 울컥하다 어렵게 살아온 그녀
아들 성공이야기를 시로 표현했다
천에서 물고기 찾던 해오라기 한 마리
심장치는 소리에 놀라
맘을 숨기고 날아오른다
언어조차 숨기고 싶지 않은
자식 사랑
오래 된 흔적 속에 가지런히
숨을 쉬는 당진천(唐津川) 사랑

김 우 현

충남 부여 출생, 단국대학교 영문학과 졸업
장승조각가
국제펜클럽한국본부 회원, 한국문인협회 회원
한국현대시인협회 회원, 서초문인협회 회원
밀레니엄문학회 회원, 해동문인협회 이사

수상 : 문예사랑 신춘문예 최우수상, 문예사조 문학상
매월당 문학상, 이육사 문학상
시집 : 〈바람의 아들〉〈깃 없는 날개〉〈삥꾸 이야기〉

경기도 안양시 동안구 귀인동 꿈마을 건영아파트
301동 1403호
전화 : (031)424-3838 HP : 010-3186-1948
E-mail : dngus1948@hanmail.net

삥꾸 이야기

〈이 이야기는 한 생을 살다간 삥꾸에 관한 기록으로
의식과 무의식을 넘나드는, 인간이 추구해야하는
그리고 갈망하는 생존의 의미를, 옛 유년의 기억들을
모아 시의 형식으로 기술하는바 추억과 회한, 고뇌를
통한 영적 세계에로의 통로가 열리는데 다소 역할을
하지 않을까하는 작은 소망이 있다. 즉, 이 이야기는—〉

살강을 살강살강 건너뛰던
설치류 이야기도
토방토방 토방을 기어오르던
장마철 곰배팔이
늘컹거리는 맹꽁이 이야기도 아니다

다만 그 시절 그 절기가
알맞게 곰삭은
강 건너 강경나루
젓갈류의 향토 냄새
설핏 배어든 때였으니까

탱자 꽃 필 때
삥꾸는 그렇게 부초(浮草)로 생겨났고
탱자가 익어갈 무렵에는
그 또한 이 이국의 운향과(芸香科) 열매처럼
노랗게 아파했다

혈흔처럼 아슴한 동백이 지고
그것이 각혈로 목숨을 거둘 때부터
바야흐로 대지는 온기를 품어
삼라의 많은 것들을 일으켜 세웠는데
피가 돌아 살아있는 것들의
모양새는 죄다 달라도
내면의 품안의 꿈만큼은
봄날의 화기만큼, 세월의 악종(惡腫)만큼
더웁고 더운 힘이 있었더라

무논 못자리
파란 모 눈 섬벅이는
이런 이때에
아래 마실 이발관에서
더벅머리 배코를 친 거였는데
한참이 지나
가르마 어중간한 지점에
백분 허옇게 뿌려지더니
차츰 헐은 후 부터는
부스럼
삐리 종(種) 닭 알만큼 커지고
크기가 멈춘다싶더니
백태로 굳어 버렸다

기계충 기계충
땅꼬마 하릴없이 놀려대는데
바리깡 기계독 올라
옴이 슬었다고
알이 슬었다고,
(후에 안 일이지만 기계충이 아니라 기계총의 오기로
의학용어로는 두부백선이라는 것)

도장병 도장병
먼 산 바라기로 왜장치는
조상 중의 문서사건
혐의 붙었다거나
지난해 장마로 쓸려간
칠득이의 부유령과
팔푼이 순년이의 지박령들이
바리공주 떼 매고와
인장을 찍었다거나
혼과 백
빼낸 연통자국이라거나

산께로 이어지는 마른 도랑
혹 밤의, 밤 도깨비
분탕질한 흔적으로
무명으로 밝던 달빛이나

흐드러진 산꽃 같은 별들과의
내밀한 통로로
산화한 운석 빛으로
가늠할 수 없는
형해의 민둥산 빛을 띠어
섬찍지근하다고 하였다

하긴 그의 그늘 속엔
가려진 밀서만큼이나
산등 영마루가 보내온
탑골 고샅 서낭당의
신묘함이 서린 듯도 하였는데
풍편의
풍문과도 같은 일이었다

하기사
기계충, 도장병이
괴이토록 유별난 부스럼은 아니었다
당시의 또래 아이들에게
종종 나타나는 두피질환으로
유독 그에게 그 질탕한 형벌의 노래를
내린 연유는
그의 태생적 습성과 나약함에
기인할 수 있었으니

어쩌면 뻥꾸 스스로가
스스로를 가두는
부침의 항변이거나
출구를 찾지 못한 잠재된
반향의 기질 같은 것이기도 했으리라

이 별호를 안고 사는 —
그의 신체부식 이전부터
가난한 날의
자폐성향에는
골골한 체질 이면에 도사린
자연 친화적 현상
즉, 밤의 별을 연모했다는 것
달빛 젖은 찔레꽃을 사랑했다는 것
흰 박꽃에 눈물을 찍었다는 것
이런 순화의 것들이
그가 갖고 태어난
회귀성 원죄의 일단들이었다

〈트라우마(trauma; 외상성 쇼크 장애), 이를 PTSD라 하는 바 후일인 지금에야 생각해보면 어떤 외부 흔적 물에 의한 지속적 쇼크 상태의 강박관념이 그를 그렇게 만들어가고 있었는지 모른다〉

그 신체적 허약성의 이름이던 것이
박약(薄弱)을 저인망해 오는
사슬의 조각 같은 이명은
날카로운 풍향 날의 예리함으로
가슴을 파고들었고 그것은
예의 뱀과 같은
배리(背理)의 이웃이 있으므로
또한 가능한 일이었다

뻥꾸는 수많은 징검다리를 건너야 했다
저수지물 좋아 들어
맨 새우 허리 휜
얇은 카타르시스는
길게 늘어진 양 켠
실체와 허구의 둑 사이
기계충의 넓이만큼
도장병의 깊이만큼
시름은 굳어져 갔다

상강(霜降)의 서늘한
오일장 가는 날
실(絲)같은 신령한 것과
야윈 몸이 앞서거니 뒤서거니
조롱박새 만사 따라붙는

신기루 신작로의
저자거리 군중 속
홀연 매몰되다가
장 파해 돌아오는 혼자길
솔밭 외로워서 좋은,
장터마당
국화빵 떼어먹는 팥 맛 따라
시오리길 걷다보면
들크름한 구역질에
하늘길이 멀다

저녁 달 밤
보리피리 삐 ㅡ 익
환영의 달 밤
허정허정 흔들리는
호때기 버들피리 까마득하고
시누댓잎 허리 휘어
꿈에 본 동산
북망에 걸렸거든
야누스의 달무리
조종(弔鐘)으로 걸렸거든
파리한 섬광 속
설핏 드는 생각에
잡종견 쉰 소리

혼자서 울어댄다

한 날의 영화가
도장자리 그 깊은
한 곳에 모이는데
모였다가 터쳐 분출하는
불꽃 매서워
저 심원의 세계로 날아가는
자유(自由)한 칼바람 소리
엇나간 언 물
균열의 소리
분사된 메아리는 돌아오지 못한 채
이 쪽 이야기
시들시들 떠내려간다

밤새는 늦은 녘
뻥꾸는 간다
바람 따라 어둠 따라
희미한 기억 속으로
외등처럼 반기는
편모(片貌)의 반달 있는
무진 약광(弱光)의
먼 길
은하가 떨어져 나간

무명의 성좌 어드메
그 골짜구니

작정한 데는 있는가
거기는 천리만리 길이요
의지가지 지어미 떠나는
허망의 그늘 빛은
이슬이 내리듯 조용조용 떠난다
작정한 곳이
이슬이 왔던 아스라한
그 먼 길이 아니기를
비원하면서—

그로부터 십 수 년의 세월 지나
기름진 번화한 도외지에서
뻥꾸를 만난 것은
어떤 행운 같은 우연의 필연이었는데 —
그는 더 이상 기계충을 팔러 다니지도
도장밥을 찍지도
비설(脾舌)의 대상도 아니었고
고향하늘 깊고 푸른
눈빛도 아니었다
하얀 마스카라의
레깅스의 현란한 몸짓으로

토우 오픈 킬 힐의 살 오른
오리를 흉내 내고 있었다

“가는 바람 청 이끼에 울던
몽환의 젖꼭지를
그 여린 하루는
해소(解消)처럼 사그라들 줄을 몰랐어

광수가 아닌 신나라이고 싶어
여자의 일생 그 특권에
허물날개 퍼덕이는
비익조였지

제3도 제4의 성도 싫단 말이야
평형의 여자로
젖은 빵의
뜨거운 내림액젓 같은

작은 소망과 사랑
이해와 포용을
이국의 낮달 뜨듯, CD 카페의
춤추는 트랜스젠더.

— CD(Cross Dresser) 카페

어쩌면 내재된 내면의 갈증만큼이나
그의 얼굴은 퍽 슬퍼 보였고
근원적 이성에로의
일탈을 동경했던 것처럼
완연한 봄볕도 데면데면
머금은 듯싶었다
그는 과거를 상실한, 여자로
CD 카페의 뜨거움으로
우리 앞에 나타난 것이었고

우리는 브라질 산토스의 향을 마셨고
조금 시간이 흐른 뒤에는
마티니에 체리를 얹었으며
제니퍼 로페즈 사(社)의
글로우 바이 제이로 향수에
숨겨온 우리만의 촉수로
일란(一卵)의 기억을 더듬다가
뜨거워져
서로의 심장을 열락하자
부드러운 청산(靑山)에
몸을 뉘였다

여자의 몸이 된
그는 울부짖었고

애린의 허망했던
세월의 잔흔이 묻어있을,
망각의 각질에 얹힌
사루비아 빛 꽃 핀을
사르르 풀자
그 그림자 속이
텅 비어 있었다

그녀는 아로마 향 브래지어를 끌렀으며
그러자 그것을 갈기갈기 찢기 시작했다
약간은 건조한 흰 피부 깊숙한
너울성 파도가 꿈틀거릴 때
예의 뼈의 울림과
붉은 혀의 목이 멘
복사 빛 눈망울은 그러나
빙설의 샹그릴라를 찾고 있었다
아득한 날의 성호처럼
무의식의 타성에 젖은 관성처럼
시간만이 자유롭게 흐르고 있었다

무서운 자유 속
허상의 침실에는
깊숙한 해면체가
언뜻 반듯하다가 흐물거렸고

밤새 포획한 낯선 에탄올과 함께
율꽃(栗花) 피는 도심의 나락으로
떨어지는 것이었고 연서처럼
종자하나를
고독한 풀씨하나를 숙성시킬 즈음
사멸의 바다
너른 들불로 타오르다가
종국에는
북망으로 나는 것이었고
한 번 더 우리는
황홀한 나비가 되었으니
형형한 날개깃 변태의 계절은
그것으로 끝이었다—

"그래 가는 거야
저 검은 하늘의 태양이
창공처럼 빛나는 곳
거기에 달무리 서리기 전
떠나는 거야

너와 나의 인연이 다하는 날
서럽기야 하겠지만

예인가 저인가
그리움을 떠나는가

녹슨 깃 더디 퍼덕이니
눈물이 앞을 가린다

황망히 문설주를 넘듯
훠이훠이
영 떠나는가.

― 다시 천둥새가 그리운 밤에

뱅코, 삥고, 삥꼬, 삥구, 빵코, 삥꾸, ……
그 이름 자모음의 코러스만큼이나
그 이름의 다양성만큼이나
그는 여러 가지 의미로
우리 앞에 왔다가
우리의 가슴에 오래도록 기억될
멍울 하나를 남기고 떠나간 것이다

삥꾸―
정체성이 모호한
은자(隱者)의 살결에서는 더 이상
무논께
독사풀 내려다뵈는 하얀 언덕의
은근한 탱자 꽃 꽃향기를 맡을 수가 없었다

(어디선가 들려오는 아련한 소리 있어―, 차츰 금간 뇌성벽력 같기도 하고 금잔디 이슬 내리는 속삭임 같기도 한, 쟁쟁하여 처량한 하늘의 소리가 어떤 밤 오르가즘의 절정처럼 절창으로 내리 꽂혔다. 거기에는 깊은 울림의 일갈이 있었는데 찌르는 바늘의 아픔 같은 것이기도 했고 잊었던 깨침의 굿판의 떨림 같기도 했으니, 그것은 늪의 저지대 소문의 소용돌이를 일으켰던 바대로 세상에서 가장 슬픈 육두문자 하나를 심연의 자궁으로부터 붉게붉게 밀어올리고 있었다.)

이 뻥꾸 새꺄
한 번은 꼭 불러보고 싶은 자학의 허물이었다
뻥꾸
한 번은 꼭 불러내고 싶은 나의 이름이었다.

한 상 일

문예사랑 신춘문예 당선
한국문인협회 회원, 밀레니엄 문학회 회원
현 (주)하우엔지니어링 근무

시집 : 〈너 어디에 있느냐〉

부산시 북구 금곡동 효열로 40, 601동 1105호
HP : 010-3757-1904
E-mail : hansq@dreamwiz.com

피아노를 말하다

소녀 말하다
소리가 나잖아요

일곱 살 손끝으로
중고 샌드위치 판넬 철판을 퉁 통 탱 팅
도 레 미 파 소리가 나잖아요

소녀 말하다
피아노 배우고 싶어요
학원 다니고 싶어요

.....
아버지가 돈이 없데요
애들처럼 다니고 싶어요

소녀 말하다
소리가 나잖아요
솔 라 시 도

빗소리

창문을 여세요
저 강 건너 저 산 너머
머 언 하늘 우주에서
지치도록 왔소

들어 보세요
담아 보세요
느껴 보세요

세월이 흘러 돌아온 계절에
그이만 오지 않아 짙고 깊은 가슴,
들리세요
빗소리

빗방울 받아 삼키고
이 빗소리에 보태서 울어버리세요
앙앙 엉엉 잉잉 웅웅웅

무슨 소린지 알바 아니오
섞어서 토하세요
그 사랑

사랑한다면

사랑한다고 말하고
사랑한다는 말 듣고 싶어

누구는 술 마시고
누구는 술 따르고

천장을 바라보고
신발을 털어보고

.
.
.

사랑한다고 말하고
사랑한다는 말 듣고 싶어

술 마시며 바라보고
술 따르며 훔쳐보고

오른쪽 벽시계 기웃
오른팔 손시계 슬쩍

.

.

.

다음엔 말해야지...
다음엔 들어야지...

코스모스, 바람을 흔들다

코스모스가 바람을 흔들어
서늘한 바람에 가슴이 흔들려
철수 가슴이 마구 뛰어 산으로 뛰었습니다

기다리기보다
기다리다 보내기보다
기다리다 내만 남아 바람이 될까 봐 찾은 산
코스모스가 흔든 설익은 가을입니다

예전엔 기다리면 되리라는 바람으로
가을 입구에서 가슴이 얼도록 있었지만
먼저 맞으리라 이제는

그가
오는 길 잃지 않도록 하리라

땀이 눈물이라 우기는 듯
얼굴로 가슴으로 물길 나도록 달렸습니다

그를 놓치면 겨울이 무섭기에
분홍 코스모스 보며 기다립니다

문

내 마음이 열리면
그 사람이 들어옵니다

내 마음을 보이면
그 사람을 담습니다

이런 나
문이 없습니다

이런 나
그에게 안깁니다

젖은 하루를 닫고
꿈으로 들어갑니다

벽

혼자 마시는 술이 좋다
진실한 고독을 알 것 같고
죽음의 무게를 느낄 것 같다

등을 텅 비우고 앉은 자리
때 묻은 벽의 시계가 크다 찰칵찰칵
고개 돌리면 늙은 거울이 나를 본다

거부할 수 없는 눈길
내 눈과 내 눈이 마주치면
가슴이 철렁철렁 술이 넘친다

거부할 수 없는 술잔
구멍 난 가슴이기에
혼자 마시는 술은 독하다

孤獨死

안녕
천국으로 간답니다

늘
항상
오롯이
풋풋하게 아침을 맞아
방긋하게 오늘을 살았기에
아프지 않게 술을 담아 간답니다

걱정 마세요
남은 그대가 슬픔이랍니다

이곳엔
나만 있기에

그곳에 그가 있다고
천천히 서둘러
천국으로 먼저 간답니다

파라다이스

바람은 좋겠다
구름도 좋겠다

그저
앞으로 앞으로 흘러
지구를 돌고 돌아
우주를 품고 돌아
늘 근심 없어 보이네

그런데,
이 바람 어쩌나
저 구름 어쩌나

저기 파라다이스에
머물지 못하네

그래도,
바람은 좋겠다
구름도 좋겠다

돌 눈

눈이 온다
눈 감고 보란다
눈뜨지 말라고 때린다

사뿐사뿐
사랑이 사망한 머리에 쌓이고
사르르 사르르
지나온 자국을 지우고 지운다

아,
머리는 멀쩡한데
눈이 젖는다
어지럽다

모든 걸 감추고 잊도록
마하의 속도로 꽂히는
돌멩이다

바람의 구름

머물 곳을 찾아
머물지 못하는

바람입니다
구름입니다

일 년마다 지구를 돌아
네 번의 계절을
따르고 마시고 새기고 토하여

훌훌 벗어
훨훨 버려

나는 또
처음입니다

바람이 되었습니다
구름이 되었습니다

이 성 이

영주일보 신춘문예 詩 당선
전국신춘문예 당선詩 중 王中王 선정
한국문인협회 평생교육원설립위원

시집 : 〈갈비뼈가 부러진 포옹〉
〈자반고등어를 생각하며〉〈혀에 대한 그리움〉

서울시 강남구 역삼동 역삼아이파크 207동 803호
전화 : (02)567-5538 HP : 016-240-3639

깨진 거울을 바라보며

벌써 보름째 분리수거장에
스티커가 붙지 않은 깨진 거울이
똑 같은 자세로 서있다

복판을 가로지른 금이
아파트를 꺾어 껴안고 있는데
매일같이 봐서 그런지
거울이 깨진 것이 아니라 오히려
아파트가 미리부터 꺾여있었던 건 아닐까
즐거운 의심을 해본다

오늘도 그 앞을 지나며
나도 이미 금이 가 있는 건가 생각하며
깨진 거울을 바라보는데
갑자기, 주황빛이 번쩍 한다

깜짝 놀라 다시 보니
저녁 해가 반사된 것인데
뜻하지 않는 답 같았다
너도 이미 많은 곳이 깨져 있다는

잠시 서 있다가
주황빛이 날아간 하늘 쪽을 올려보니
노을 참 붉다

흰 철쭉 진자리

며칠—
거짓말처럼 희어 눈물 나던 흰 철쭉 졌다

가까이 가서 보니
꽃진자리가 눈에 잘 띄지 않는다
정말 거짓말처럼 피었다가
흔적도 없이
사라진 것인데

어찌 그럴 수 있는가
내 꽃진자리에 남아 있는
이 커다란 상처는
도대체 뭐란 말인가

눈물도 남기지 않고
꽃이 진다는 것
제 몸에 상처를 남기지 않기 위해서라도
활짝 피었다가
질끈 눈감는다는 것

남김없이 핀 사랑은
바닥에 떨어져서도
상처를 남기지 않았다

사랑을 구두 신기에 비유한다

남편을 구두에다가 비교하면 유치할 것인가

새 신발을 사서 기분 좋게 신고 간다 신발과 발이 닿아 있는 시간이 길어질수록 발에 아픔이 시작된다 꼭 낀 발가락 걸을 때마다 부딪친 자리 화끈거리다가 물집이 생겼다 질긴 것도 있다 그래도 남편인데 버릴 수 있겠는가 찢기고 터지며 제 살을 파고들어 좁은 속에서 웅크리고 안으로 집을 짓고 자리를 잡았다
(왜 그랬냐고 말할지도 모르지만
처음엔 좋아서 다 좋아서 시작한 사랑이다)

물론 발이 형편없이 된 것도 사실이다
물론 지금은 길이 들어 신고 다니는 것도 사실이다
물론 구두가 발에 맞춘 것이 많다는 것도 사실이다
하지만 논쟁적으로 말하자
살붙이고 살기로 약속한 것들의 사랑이
구두와 발 사이와 뭐가 다르겠는가

밑바닥이 없는 것이 어찌 사랑일 수 있을까
유치함을 넘어야 굳은살 박힌다

찔레꽃 피어 있었다

향이다
은은하다

둘러보니
길 옆 계곡 쪽으로 엎어지듯이
찔레꽃이다
무리지어 화사하지도 않고 그렇다고
꽃송이가 풍성한 것도 아니고
가까이 가서보니
진딧물까지 다닥다닥 붙어 있는데
잘 보이지 않는 곳, 사람이 걷기 힘든 곳
내가 발 딛으면
미끄러져 떨어질 곳

거기서 찔레는 무엇을 하고 있었을까
제 몫이 있어 저렇게
해마다 핀다고
건조하게 생각해 보지만

돌아서면서도 괜히 궁금하다
왜 저렇게 피었을까
궁금하다, 나는 왜 여기까지 와
당신 보았는지
향이 더 은은하고 깊다

자반고등어를 생각하며

시장에서
금슬(琴瑟) 좋은 부부 같은
자반고등어 한 손을 사왔다
겹쳐있던 몸을 떼어내니
움푹 패인 흔적들이 여기저기
함께 절여졌던 세월만큼
깊게 패여 있다
무엇엔가 눌려도 서로에게 뿐이
줄 수밖에 없었던 그러나 다 받아 안은
서로의 상처
시퍼런 속 다 파내고
더 이상 아픔 없는 사랑이 되었다는 말이
입안을 뱅뱅 맴돌지만
말할 수 없었다
금슬 좋다는 말도 아프다

저녁 식탁에 앉아 있는
남편의 등 뒤에서
내 등지느러미를 재어본다

이별을 위해

나 이미 네 앞으로 보냈으니
따라나서듯 가시게
잠깐 걸터앉았던 자리
낙엽 지고 붉은 바람 불어
설움도 찬란한 온통온통 가을색이어도
돌아보지 마시게
등 뒤는 늘 너무 넓어 머뭇거리게 하니
내게 오실 때처럼 가시게
나 이미 염려하는 마음
너보다 먼저 보냈으니
나 이미 까마득 앞서 가니
연둣빛으로와 붉어지던 사랑의 시절 다 놔두고
떠나시게 다시 와도 새로울 만큼
다 잊고 떠나시게
나 이미 네 앞에 보냈네

마지막 잎새를 위한 노래

떠나지 못하는 자여
남들 눈을 불안해하지 마라
놓을 수 있는 것이라면 너도 이미 놓았을 것―
나도 그랬다 다시 산다면
춤도 배우고
그림도 그리고
언제든 훌훌 떠나기 위해서
얽매이지 않았을 것이다
하지만 다시 돌아갈 수 없는 생의 끝에서
나도 밤늦도록 오지 않는 사랑을 기다린다
다하지 못한 마음은 늘
시간 밖에서 뿌리를 내리고 있으니
세상 모두 제 시간을 살고 가더라도
불안해 하지마라 후회도 마라
가을이 깊어지는 것은
떠나지 못하는 자의 슬픔 때문이 아니라
마지막 잎새에 황홀한
춤 때문이다

구석의 심리학

신기하다
애나 어른이나 구석을 좋아한다
커피숍을 들어가도 구석은 사람들이 차 있고
버스를 타도 구석부터 찬다
하다못해 찜질방을 가도
구석으로 사람들이 몰려서 떠든다

남편도 요즘은 소파 귀퉁이에 앉는다
그게 보기 싫어 왜 구석에 앉느냐면
편한데 뭐 어떠냐고 한다
어린 날 엄마에게 야단맞아 서러울 때도 분을 삼킬 때도
숨어들었던 곳

어쩌면 그 끝에
엄마의 자궁이 있을지도 모르지만
더 신기한 것은 구석은 비어 있어도
꼭 임자 있는 자리 같다는 것
그래서 구석이 비어 있으면 꼭 주변을 휘둘러보게 된다

늘 가운데를 잉태하고 있는
구석의 은밀함을 기억하며

파도를 보며

밀려오고 밀려온다
한번 일어선 파도는
밀려서 다시 밀려서 끝없이
바위를 치고야 부서진다
가까이에서 그 모습을 보며
사랑을 생각하는 것이야말로 인위적이다
맹목적인 돌진과 삼킬 듯한 그러나 부서짐
이어지는 이어지는 무심한 절정의 반복
인간적이기에는 너무 차가운 반복
너무 큰 강제는 무서운 자유처럼
밀려와 부서진다 반복된다
덮치며 끌어안는다
동물의 왕국에서 본 코끼리 성교하는 장면을
떠올리는 것조차 적절치 않다
짧은 순간 솟구침의 끝을 보라
공중, 저 하얀 꽃밭—
찬란한 아름다움은
인간적인 것 너머에 잠시 머물 뿐
다시 밀려오고 부서진다

조 종 대

『문예사랑』 신춘문예로 등단
밀레니엄문학회, 김포문인협회 회원

공서 : 〈길 위에 길이 되어〉〈봄 그리고 가을〉 등

경기도 김포시 월곶면 갈산리 산 107-1번지
HP : 010-6432-1260

황혼의 빛

빛과 길의 존재가
무엇인지 모르고 허덕이는 세월
지날 때 마다 시련과 절망
가냘픈 소망에 만족한 삶 이었다

방황의 끝을 잡으려
몸부림치며 바둥대던 시간들
옳고 그름의 그늘을 찾아
쏟아붙던 젊음의 열정이
해거름의 상념 속으로 빠져들고 있다

나이 탓만은 아닐 것이다
청춘이 그립고
젊음의 열정이 그립기 때문일 것이다

지천명을 뒤로한
세월의 중량감 앞에 서서
오늘과 내일을 음미한
빛의 여운을 탐하며
참 삶에 대한 영광의 빛을 그린다

그날이 오면

찌든 행간의 시간들 속에
바램이란 꿈이 있었기에
오늘의 의미를 낳고 살았다

외로움과 쓸쓸함은
내게 존재치 않는 낯선 단어 속에
하루를 묻고 또 하루를 탄생시킨 날들

안개로 번진 가냘픈 희망은
어느 순간 사라지고
고난과 도전의 시간만이 존재한 삶
이제는 몸에 배어 무감각의 실체다

언젠가는 오고야말
그날이 있기에
마음의 등불 켜들고
고달픔이 삶의 의미로 존재한 오늘

그날의 오면 함박웃음으로 반기리라

덧없는 인생

앞선 그 길에
어두운 그림자
홀로 지새운 밤
황혼의 뜻
못다 이룬 꿈 이었나

생각할수록
복 받쳐온
무언의 사연들
가슴에 묻고 사는
슬픈 돛단배

망망대해
덧없는 가시밭길 작은 인생
이리 저리 물탄 듯
석양노을 지세운다

가을 풍경 1

넉넉함이 무르익어 펼쳐진
만추의 계절엔
황금빛 노을이 불탄다

형형색색으로 갈아입는 단풍과
토실 토실 익어가는
알토란 열매 속에
달덩이 같은 기쁨이
함박웃음을 짓고 서 있다

갈바람 속에 휘날리는
여인의 옷고름은 연분홍 치마를 감싸며
풍요로 얼룩진 황홀한 농부의 마음을 사로잡고
긴긴 호흡으로 가을을 노래한다

가을풍경 2

청명한 가을 하늘
바람결에 흔들려
마음 담아 부르던
그 님은 간곳없고
사각사각 소리만 여미운다

은행나무 길 사이사이로
늘어진 들국화의 짙은 향
걸음걸음 눈(眼)길마다
시(詩) 한 구절 속삭인다

바위틈으로 내비친
고운 빛의 단풍은
형형색색으로 불타오르고
산허리 휘감는 천연의 모습은
천상의 빛이다

아련한 생각

세월의 여운이 가시지 않고
동면에 동면을 거듭한 시간
슬픔도 기쁨도
한순간의 장엄한 역사이려니
순응과 적응을 앞세워
지혜의 삶을 갖는다

상념(想念)

아련함이 눈꽃으로 소복이 쌓여
추하고 진한 외로움이 떠오른다

하얀 눈꽃으로 피어오른
숱한 상념들
사랑이고 믿음이며
평온이며 행복임을
알아차리지 못한 시간의 여백

지천명을 뒤로한 지금 이 순간들
상념에 상념의 꼬리를 물고
주마등으로 펼쳐진 아련한 추억들

외로움과 쓸쓸함이 주는
또 다른 행복이
사색(思索)에 사색(思索)을 낳아
사색으로 번지는 영원함이
천상의 행복인 것을

하얀 눈

동심 속에 숨어있던
함박눈 소복이 내려
웃음 가득한 기쁨
하늘 향해 두 팔 벌리고
한 아름 안아보는 백설(白雪)

굴리어 커져가는 눈덩이로
눈사람 만들어
빨간 모자 씌워놓고
눈싸움에 신이 난 악동들은
삽살개와 함께 발자국을 남기며 춤을 춘다

눈 쌓인 장독대
따스한 모자 눌러쓰고
가녀린 가지마다 눈꽃을 피워
백색의 행복 넘쳐난다

다정한 오솔길엔
사랑이 하나 된 눈꽃여행
아름다고 정겨운 풍경 살포시 피어올라
천사의 마음으로 눈꽃을 피운다

완성의 길

나만의 생각은
좋을 때도
때론 화를 부를 때도 있으리

목표를 향한 영감에
사색과 행동의 돌출이 땀으로 얼룩져
커다란 조각품으로 완성된다면
의미에 의미를 더한 기쁨이리

세상사 고난과 역경 없이
이룰게 무엇이던가
뜻 모아 행함이
기쁨이고 희열이며 행복인 것을

행복이란

바라보는 마음이
하늘 빛 일 때
생각하는 마음 또한
별들의 합창이다

장마로 찢겨진 산허리에
흙탕물로 오염된 세상이
한줄기 햇살로 빛을 더할 때
청명한 하늘을 맛보듯
생각과 생각의 차이에
우주의 신비를 맛보는 것

매일처럼 마주한 신비의 날들을
빛으로 감싸며 내 품에 안을 때
행복의 꿈 새록새록 피어난다

어머니

생각할수록 가슴 저미어 온 사랑
어머님의 영혼입니다

받을수록 튕겨져 나간,
잔소리로만 여겼던 그 깊은 사랑
이제사
당신의 그 진정을 알았습니다

메아리로 사라진
당신을 향한 그리움
뒤늦은 후회가 한스러워
오늘도 가슴 치는 시간입니다

행여,
행여나 보일까
꿈속을 헤매어도
보이지 않는 그리움
이제, 자식 위한
당신의 길을 가렵니다

기 호 신

철산1동 주민자치위원회 부위원장
광명시 보디빌딩협회 부회장
광명시 스포츠클라이밍 회장
광명시 학습동아리연합회 부회장
사진동아리 빛담사 회장
평생학습원 시창작반 강사

경기도 광명시 철산1동 56-9 다일빌딩 6층
HP : 010-2692-3020

덩굴

거대한 벽 앞에
던져진 담쟁이 넝쿨 여린 잎을 틔웠다
하얀 눈처럼 초롱초롱 눈망울이
바람 한 점 들일 여유가 없는 벽 앞에서
폴짝 거린다
아직은 혼자 설 수 없어
나무의 손잡고 올라야 하겠지만
코흘리개 넘어 서는 시간이 오면
붙잡으려는 나무 떠나고픈 날이 올 것이다
힘차게 날개 펼치고 싶은 날도 있겠지
시린 바람이 살을 파고드는 벌판으로 내몰려
힘들게 걷던 발목
허물어지는 날도 있으리라
그런 날 지나
베인 상처에 조금씩 새살 돋을 때면
서로가 서로를 가두고 갇히며 모자람 채워야
저울의 중심이 맞는다는 것도 알겠지
혼자서 맞출 수 없는 퍼즐
함께 풀어나가야 함도 깨닫겠지
등과 등 기대고
가슴과 가슴 맞대어 서로의 품을 감싸주어야
비바람에 넘어지지 않는다는 것도 알겠지

배려

오늘은 주차장 입구에 화요장터가 열리는 날
농협에서 농산물을 싼값에 판매한다
골목길에 차를 세워놓고 오는데
술 안 마신 아이가 술 취한 자전거로
반갑게 마주 한다
나도 마냥 반갑다 할 수 없어
길을 열어주는데
반듯한 아이도 길을 열어 주겠다며
같이 한다
순간
술 취한 자전거와 나는
반갑지 않은 포옹으로 마주한다
반가운 자국을 뒤로 하고
아이를 일으켜 세우는데
투명한 눈망울이 올려다보며 씩 웃는다
맑은 눈동자에 피어나는 내일의 웃음에
낯선 두 그림이 따듯한 하나가 되었다
돌아서 오는 길
오랫동안 잃어버렸던 알맹일 찾은 마음은
선명한 타이어 자국보다
더 깊이 새겨진 웃음으로
입가에 주렁주렁 열렸다

게으른 자의 시

나는 시인이다
가뭄에 콩 나듯
그것도 포동포동하지 못한
말라비틀어진 시를 무늬만 그럴싸하게 포장하는
겉만 멀쩡하게 여물은 수수깡이다
그런 놈이 요즘 TV에 재미를 붙였다
생각을 지워버린 모습에 길들여지니
그 시간이 기다려지고 재미가 쏠쏠하다
바보상자 바보상자해서 바보 되지 않으려 했는데
어느 순간 바보 되어 자꾸 의자에 깊게 잠겨간다
오늘도 허우적거리는데
누군가 툭 뒷통수를 친다
"빨려들어 가겠네요"
순간 살짝 맞은 머리는
번개처럼 튀어 올라 뇌리를 후벼 파고
비틀거리는 웃음이 출렁 인다
산에 오르는 것은 생각의 타래 감기 힘든데
한잔 술에 풀려 버리는 배려
조여도조여도 자꾸만 허물어지는 너그러움
생각 없는 생각으로 푹 발 담그고 있는
스스로에 어느 순간 화들짝 놀라게 된다
깜깜한 창고에서 찾아주지 않는 놈팽이 기다리다
다물어 버린 입가 곰팡이 슬어버린 너

자주 오마 헛된 약속 믿고
변치 않는 애정으로 보듬어준 너 있어
수렁에 빠진 영혼 언제든 돌아가 안길 곳이 있었는데
나는
겉만 멀쩡하게 여물은 수수깡이다

누구나 가슴에

또 다시 비에 젖는다
우산도 없는데
요동치던 상처 가까스로 잠재웠는데
얼굴 드러내지 않는
누군가가 내안에서 운다
갇혀버린 눈동자가
이제는 걸음 할 수 없는
멀리 뛰쳐나간 그날 좇아
허공을 서성인다
언제든 꺼낼 수 있는 자리에 있어도
천리처럼 묻어놓고
그렁저렁 살아왔는데
금간 자리 자꾸 바람이 스며든다
쏟아지는 비 이 골목 적셔
번지 잃은 저 골목에도 걸음 할까
지워지지 못하는 꽃 한 송이
스멀스멀 일어나고 있다

빛 그림자

비싸게 화장한 쇼윈도가
목마른 사람들을 손짓하는데
창은 밖을 향해 소통할 뿐 안으로 열리지 않는다
넘치는 조건을 갖춘 이들에게만 열리는 문
바라볼 수 만 있을 뿐 안으로 들이지 않는 신분의 경계선
오를 수 없는 마음만을 건드리고 지나가
하늘 무시하는 건물에서
외줄 타는 이들과 만 소통하는 고급과 일상의 거대한 벽이다
저곳엔 금똥 무더기로 퍼질러 놓고
거대한 심장에 행복을 도배하고 살까
사시사철 봄에 취해
누구도 오를 수 없는 절벽을 세워두고
발밑의 서러운 겨울에 눈길 주지 않는 삶이다
눈부신 건물의 그늘에
축축한 그림자가 길게 늘어서 있다
빛과 어둠이 어긋나는 교차로 같다
스스로 벽을 세워 본적도
위 아래로 흔들려보지도 못한 삶이다
빛 부신 파도에 밀리고 밀리어
바닥에 바짝 엎드려 번들거리는 포식자 피해
마른 젖 빨아야 하는 내동댕이쳐진 삶이다
날아오르려 폴짝이며 몸부림 쳐봐도
굴뚝에 너풀너풀 풀칠한 연기만 날아오르고
바람 거슬러 가는 질기고 질긴 매듭에
여백을 자맥질로 채워가고 있다

초침과 분침 사이

끙끙거리며 붙잡고 있던 잠을
출렁이는 빗소리가 흔들어 깨우는 밤이다
또각또각 견고하게 걷는 초침소리와
흔들리며 뛰는 빗소리가
짧은 순간 포개졌다 더 멀리 어긋나며 간다
초침에 얹혀
잠들지 못하고 날아간 날들이
빗줄기 타고 또 다시 스멀스멀 일어난다
스스럼없이 익힌
퉁퉁 불은 애욕의 덩어리도 눈을 뜬다
헐거운 뱃속 불리겠다고
살아오며 수없이 웅크려 쥔 이야기도 한자릴 차지한다
생각해보면
몸과 마음이 따로 노는 부끄러움 때문인지
흘러갈 곳을 잃어버린 물방울처럼
내려앉지 못하고 이곳저곳 날개 짓만 하다 돌아섰다
바람 부는 날엔
서로의 가슴에 생긴 실금 메워주고
동지의 밤도 짧다하며
아이 하나 쑹덩 낳아 살면 그만인 걸
속마음을 감추는 대신
바람에 흩날리는 꽃잎처럼 아무 곳이나 앉으면 되는 것을
이 황량한 도시에
들뜬 뿌리라도 내려 보겠다고

신경증과 불면증에 시달린 날들을 참을 수 없다
갈라지고 깨져
이파리만 듬성듬성한 저 나무
허공에 뿌리 내리고
허공에 가지 뻗은 채
어디로 저리 바삐 가는 걸까

안부

다시 한해의 모퉁이에 서있다
웅크릴 대로 웅크린 그가 벼랑 끝으로 내몰려
생을 접었다는 놋주발보다 쨍한 울림에
겨울을 녹이는 검푸른 바람이 가슴을 파고든다
활짝 펴고 있는 자들의 자리
곁다리로 살짝 걸쳐 논 한쪽 다리 빼서 돌아오는 길
많은 기억을 간직하고 있을 것 같은
외상 입은 플라스틱 의자 몇이
오지 않는 임 기다리며 노숙하고 있다
그때 달려가는 시간을 열고 찾아온 친구가 있다
논두렁길이 아스팔트로 열매 맺고
서로가 너무 먼 바깥까지 가버렸지만
언제나 구석자리에 편안하게 앉아 있는 그다
편안 하냐 허기진 하룰 보내진 않았냐며
더 이상 열리지 않는 내일 열려하지 말고
불야성에 겹겹이 쌓여 증발해버린
어제도 미움 버려 안아주라 한다
그 어떤 풍경도 떨어진 잎을 다시 주울 수 없지만
줄기 없는 꽃이 있을 수 없기에
순수의 되새김만으로 망각 속에 들어있던 시간들이
물살을 거슬러 오른다
남긴 것도 살아온 무늬도 빛이 바래가는 시간
지워지지 않는 밑그림 찾아주는 친구 있어
포근한 여운이
식은 어깨 따뜻하게 감싸 준다

사주

찬바람이 거리의 사람들을 지워버리고
기세등등하던 빌딩도 어둠속으로 가라앉은 주말저녁
얼마 전에 하늘을 타고가신 어머니에게 기웃
바람에 밀리는 늙은 수숫대 같은 아버지에게도 다녀오고
마루 끝에 잠시 허리를 걸쳤던 여인에게도 다녀왔다
그때
벙어리처럼 종일 입 다물고 있던 핸드폰이 부른다
아는 형이다
다짜고짜 태어난 시간을 물어본다
요즘 사주를 공부하신단다
과거를 보는 걸까
닳은 신발을 보면 알 수 있는걸 보아서 뭐하나
아님 미래를 보는 걸까
내가 나를 넘지 못하는데
안고 있는 불안의 얼굴에 분칠한다고
시들어가는 묵은 꽃 새 꽃으로 바꿀 수 있을까
길잽이가 필요하던 젊음 쾌락으로 바꿔 먹고
이제 햇살 벗어놓고 노을 입어야하는 시간
허풍스런 열매하나 맺지 못했는데
흘러갈 곳 해독하면 뭐하나
아는 것도 모르는 것도 겹겹의 나이테에 가둬놓고
어느 곳을 날아도 길이 되는 새처럼
바람 부는 곳에 향기 나는 발자국 하나 찍는다

철산동의 이방인

양지바른 철산동 맥도날드 앞
폼 나게 차려입어
수많은 사람들 속에서도 빛나는 그가 있다
찌들고 구겨진 외투 비집고
항상 웃음이 곁에 머물길 청하는 자유로운 영혼의 그가 있다
그는 오늘도 한줌 불빛으로 주린 배를 채우며
빗진 잠을 갚고 앉아있다
어디에서 왔을까
아비가 지나던 길도 자식이 가야할 길도 아닐 텐데
번쩍이는 고층 아파트에서 미끄러졌나
사다리 없이 오르던 벼랑에서 떨어 졌나
아님 너무 부풀어버린 마음에 벌레 들었나
첫 눈 맞춤부터 헐거운 뱃속 조여 가며 이 골목 저 골목
떠돌았나
빛바랜 필름이 뿌연 안개 속 떠도는데
물기 젖은 솜이불 털어낸 그는
술꾼들이 길바닥에 펴다 버린 취기로 비틀거리는 빙판을
치워낸다
어깨를 발목까지 짙 누르는 짐 벗어내려는 듯
힘차게
무엇이 무거운 어깨를 일으켜 세웠을까
아비, 자식, 아니면 구겨진 외투 속에 숨겨진 새하얀 심장
시간 익어 네온 싸인 뿔뿔이 돌아서고 잠이 깊어지면
사납게 온몸 조여 오녹색인간처럼 는 칼바람 눈초리 피하여

아무도 걸음하지 않는 도시의 그늘진 구석자리
홀로 남은 녹색전구와 눈 맞춘다
검은 인간 속 녹색 인간처럼

시간

태연한 얼굴
변치 않는 식성으로 모든 걸 먹어치우더니
아무 일 없었다는 듯
그림자로 달라붙어
어깨 감싸 안고 끌어 내린다
어둠의 터널 속으로
높이 걸었던 꿈
재생할 수 없는 폐지로
뒷방에 가둬버리고
물기 가득 머금어 싱싱하게 퍼덕이던 어깨
메마른 바람 들어 푸석하다
하나로 전부이던 불꽃은
잔불도 기력을 잃어
온기 불어 넣어도 기척이 없다
뜨거운 가슴으로 밥숟가락을 나누던 친구는
펄럭이는 지폐에 웃음을 팔고 있다
모든 걸 되돌릴 수 없는 사막으로 몰고 가는 너
아무리 떨쳐 내려 안간힘 써 봐도 놓아 주질 않는 너
젊은 날 노랫가락에 취해 정신 줄 팽개치고
제 몸 썩어가는 줄 모를 때도 아무 말 해주지 않던 너
삭아가는 눈 뜨고
파도에 맡겨 논 몸 추스르려 안간힘 써 봐도
이미 지워진 날들은 돌아오지 않는 구나
너무 오랜 시간 한 끼 밥줄에 매달려
목마름을 잊고 살았다

박 희 주

전북 임실에서 출생했으며 전북대학교를 졸업하고 시작활동을 하다가 월간문학 신인상에 중편 〈내 마음속의 느티나무〉가 당선되어 소설계 데뷔. 시집으로 〈나무는 바람에 미쳐버린다〉〈네페르타리〉가 있고, 장편소설 〈사랑의 파르티잔〉과 편저로 〈준비한 삶이 당당하다〉가 있다.

경기도 부천시 원미구 중동 705-15
전화 : 032-654-1386 HP : 010-5527-1386
e-mail : galbeolheejoo@hanmail.net

떠도는 익살의 희화(戱畵)

새벽 네 시. 김 목사는 계단을 쓴다. 술집이 있는 이층에서 교회가 있는 삼층까진 쓸 것도 없으나 일층 입구에서 이층까진 그야말로 쓰레기장이 따로 없다. 담배꽁초며 구겨진 휴지, 이쑤시개, 유리조각, 달라붙은 껌, 심지어 가래침까지. 어쩔 땐 고춧가루와 시래기가 뒤범벅된 위장의 토사물이 시큼한 냄새를 풍기기도 한다. 모두가 어둠을 틈타 아무도 보는 이 없을 때 저지른 얍삽한 행위의 뒤끝들이다.

다섯 시가 못 되어 신도들은 새벽기도를 위해 몰려온다. 그때까지 계단 청소를 마치고 샤워를 한 다음 양복으로 갈아입어야 한다. 그러려면 항상 서둘러야 했다. 조금 일찍 일어나도 조급한 마음은 마찬가지.

빗자루 질이 끝나면 마포걸레질이다. 담배꽁초를 비벼 놓은 자리나 가래침 자국은 쓰는 것만으로 감추어지지 않는다.

어둠이 골목에 가득하다. 술집 주인은 오늘도 간판의 불빛을 끄지 않았다. 〈에덴의 추억〉 술집의 이름으로 에덴의 추억이라니? 볼 때마다 가소롭거니와 하나님 지으신 동산에 대한 불경한 느낌이 들지만 어쩔 도리가 없다. 갖가지 색으로 화려하게 반짝거리는 그 간판 아래, 형광등 하나로 빛나는 하얀 바탕에 청색 아크릴로 새긴 〈생명수 교회〉가 초라하기 그지없어도. 그렇게 얘기했건만.

"계단 청소야 제가 해도 상관없습니다. 그렇지만 영업이 끝나면 계단 입구에 있는 간판의 불은 꼭 좀 꺼주십시오. 새벽기도 오시는 성도님들께서 술집에 들어서는 기분이랍니다."

“아, 그렇겠군요. 그 기분 이해해요. 꼭 신경 쓰도록 하겠습니다만 저도 신이 아니고 사람인지라 깜빡깜빡 하거든요.”

며칠 전, 지금까지 감당해야했던 모든 불편함을 무릅쓰고 그 말만 했었다. 자신도 꼭이란 말을 썼지만 곱상하게 생긴 술집 여주인도 생글생글 웃으며 꼭이란 말을 강조했다. 굳이 신이 아니라 사람이라는 말을 덧붙인 것이 자신을 비꼬는 것 같아 거슬리기 했지만. 그랬는데.

자신이 봐도 크기로나 조명으로나 색상으로나 교회 간판은 술집 간판에 가려 잘 보이지도 않는다. 더군다나 지하에 있는 이발관을 상징하는 건물 외벽에 붙은 레온사인은 스물네 시간 쉴 새 없이 돌아가 쳐다만 봐도 속이 울렁거려 멀미할 때처럼 구역질이 치밀어 오른다. 막막하다. 그렇게 정신머리가 없어서야! 곱상한 얼굴이 빤빤한 얼굴로 변하여 가증스러웠다. 그녀가 옆에 있다면 얼굴에 침이라도 뱉어주고 싶은 심정. 술집 문은 굳게 닫혀 있고 스위치는 그 안에 있다. 간판에 연결된 전선을 잘라버리고 싶지만 명색이 목사인데 그럴 순 없어 억지로 참는다. 어떤 수단을 강구해야지. 김 목사는 쓴맛을 다지며 계단을 올라간다.

얼마나 감사한 일이었던가. 서른 평에서 쉰 평으로 이사 올 때는. 성도도 그만큼 불어났다. 서른 명에서 쉰 명으로. 백 명이 되고 이백 명이 되는 건 시간문제일 것으로 보였다. 곧 셋방살이를 벗어나 아름다운 성전을 건축할 수 있을 것만 같았다. 모든 게 하나님의 은혜라 생각했다. 그의 머릿속은 어느새 새 성전에 대한 설계로 꽉 찼다. 성전만 건축할 수 있다면 여한이 없을 것 같았다. 목회생활 이십 년이 되도록 셋방살이를 면치 못했다는 자괴감은 나이가 들어갈수록 심해졌다. 이제야 희망의 싹이 보이는 것이다. 그러나 한 달이 가고 두 달이 지나도 성도는 더 이상 불어나지 않았다. 그러자 처음엔 드러나지 않았던 문제들이 불거지고 보이기 시작했다. 그는 그 문제들을 위하여 발 벗고 나서리라 다짐했다.

지하의 이발관을 들어갔을 때 목사는 어리둥절했다. 지하라 할지라도 머리를 깎는 곳이라 자연히 대낮같이 환하리라 생각했었다. 그런데 아니었다. 숨소리조차 들을 수 있을 만큼 조용한데다 어두컴컴하기조차 했으며 숨이 탁 막힐 정도로 칸칸이 막혀 있었다. 아무래도 이상했다.

"아니, 여기 이발관 아니에요?"

"맞아요."

그를 맞은 여자는 나이를 짐작하기 힘들었다. 언뜻 보면 아가씨 같기도 한데 어찌 보면 아줌마 같기도 했다. 짙은 화장 때문이리라.

"이발하시게요?"

"네."

엉겁결에 그는 대답했다. 그러자 여자는 그의 양복저고리를 벗겼다. 어디서 퍽퍽 손뼉 부딪치는 소리가 났다.

"따라 오세요."

여자는 주름진 칸막이를 확 밀치더니 앞장을 섰다. 하얀 허벅지가 드러나는 낯 뜨거운 미니스커트에 반소매 블라우스. 면도하는 여자들도 이렇게 변했구나. 언제였던가. 촘촘한 나무창문으로 길 가는 사람들을 이발 중에도 거울로 엿볼 수 있는 자연 채광의 이발소를 가본 때는. 구레나룻이 긴 늙수그레한 이발사가 덧댄 이부의 바리깡으로 머리를 빡빡 밀어주면, 따뜻하지도 않는 연탄난로에 비누거품을 일으켜 얼굴에 바르고, 가죽 띠에 칼을 문질러 면도를 해주던, 아직 시집가지 않은 긴 생머리 여자의 생생한 숨결이 야릇하게 느껴지던 시절은. 여자 면도사는 화장하지 않은

맨 얼굴에 하얀 가운을 입은 아주 깔끔한 차림이었다. 그때 이후로 이발소에 간 기억이 없다. 그의 머리 손질은 언제나 미용사 출신의 아내 몫이다. 지하실의 이발관이 어떤 풍경인지는 그래서 상상이 되지 않았다.

그가 복도 같은 길을 따라가 앉은 곳도 어두컴컴하긴 마찬가지였다. 다만 정면의 거울과 특유의 의자만이 이발하는 곳이란 걸 알게 했다. 전혀 예상하지 못했던 그러한 낯선 풍경에 그는 잔뜩 주눅이 들었다. 그냥 나가버릴까 하는 생각마저 들었으나 자신의 소심함을 탓했다. 목사들이 세상을 몰라도 너무나 모른다는 어떤 성도의 말도 생각났다.

"면도부터 하겠습니다."

여자는 의자를 뒤로 젖힌 다음 비로소 불을 밝혔다. 그러나 불빛은 의자 주위만 환할 뿐이었다. 뜨거운 수건이 얼굴을 감싸고 비누거품 대신에 면도용 크림을 발라 여자는 세심하게 면도를 했다. 그의 머릿속은 복잡해졌다. 이발을 위해서 온 게 아니었다. 등잔 밑이 어둡다고, 한 건물에 사는 사람들을 전도하지 않고 남 보듯 할 수는 없는 일이었다. 지하실부터 1층과 2층, 그리고 4층의 건물주까지 전도할 생각이었다. 그들이 교회만 나와 준다면 지금까지 불거진 문제들이 자동적으로 해소되리라 생각했던 것이다. 사실 제일 어렵고 힘든 게 가장 가까이 있는 사람들이다. 자신을 가장 잘 이해하고 따르리라 여길 수 있는 사람들이 어깃장을 놓고 동냥도 안 주면서 바가지까지 깨려고 덤볐다. 예수님께서 고향 사람들로부터 환영받지 못했듯이. 사소한 이해관계로 생긴 벽을 넘기란 피차간에 어려웠다. 그것을 뛰어 넘어보리라 생각했었다. 그런데 이발하는 곳의 분위기가 이상했다. 더욱이 면도하는 도중에 말을 꺼낼 수는 없었다.

여자의 면도 시간은 길었다. 그러나 지루하지가 않았다. 부드러운 손으로 얼굴을 끝없이 문지르며 한 데 또 하고 또 하길 반복했다. 귀에 난 솜털까지 여자는 밀었다. 이 맛에 남자들이 면도를 하겠구나. 기분 좋은 느낌이었다. 피곤했던 삭신이 노글노글해지고 있었다. 그대로 달콤하게 잠들고 싶었다. 여자는 코털을 자르고 다시 뜨거운 수건으로 얼굴을 닦아내더니 눈을 가리고 차가운 젤을 발랐다. 가슴엔 넓은 수건이 덮어졌다. 손톱을 깎고 귀지를 파냈다. 거기까지도 손님을 위한 서비스라 생각했다. 그런데……?

양말을 벗겨 발까지 씻겨주는 게 아닌가. 이렇게까지? 그는 미안할 지경이었다. 예수님이 제자들의 발을 씻겨준 건 사랑이고 자신을 한없이 낮춘 행위였다. 이 여인은 어쩌자고 나의 발을 씻기는가? 손님이 왕이라서?

마른 수건으로 발을 닦은 여자가 의자를 가져다 옆에 앉았다. 아직도 끝나지 않았는가? 여자가 팔을 가져가 손가락 하나하나를 잡아당기며 톡톡 소리를 냈다. 그리곤 주무르기 시작했다. 안마였다. 이거 참, 난처했다. 관두라 할 수도 없고. 어깨를 주무르자 팔뚝에 여자의 젖가슴이 뭉클하니 닿았다. 가슴이 철렁했다. 안 될 일이었다. 그렇지만 말이 나오지 않았다. 여자의 손은 어깨며 가슴이며 배를 떡 주무르듯이 주물렀다. 오른쪽 상체가 끝나는가 싶더니 의자를 왼쪽으로 옮겨 똑같이 주물렀다. 이렇게 가만히 있어야 하는가. 시험도 보통 시험이 아니었다. 그는 속으로 주여, 하고 외쳤다.

여자는 이제 아래로 내려갔다. 다리였다. 그것도 허벅지 주변이 주로 공략 대상이었다. 위로 아래로, 밖에서 안으로, 안에서 밖으로 여자의 손은 나긋나긋하게 움직였다. 간간이 여자의 손이 실수인 듯 가운델 건드렸다. 그러면 그것은 맹렬하게 반응했다. 정말 안마가 이런 건가? 얼굴이 화끈거리고 심장이 벌렁거렸다.

그는 견딜 수 없었다. 일어나야 한다. 그러나 마음뿐, 선불리 일어날 수가 없었다. 온몸이 저릿저릿해지며 어떻게 해주었으면 싶었다. 그 바람은 참으로 간절해졌다. 이러면 안 되는데……. 어? 여자의 손이 갑자기 양물을 움켜쥐었다. 그렇잖아도 마음과는 다르게 곤두서있던 그것 때문에 하나님을 섬기는 목자로서 심히 부끄러웠던 그는 어찌할 바를 몰랐다. 주여! 주여! 속으론 그렇게 부르짖었으나 밖으로 튀어나온 소리는 아! 소리였다.

"하실 거죠?"

"아!"

그때부턴 정신이 없었다. 그는 그가 아니었다. 상상도 못했던 일이었다. 그의 의지와는 다르게 일은 벌어지고 있었다. 여자가 혁대를 풀었다. 멈출 수도, 멈추게 하지도 못했다. 아무것도 생각나지 않았다.

아! 수컷이라는 존재는 얼마나 허망한 존재인가. 그야말로 순식간이었다. 천국에서 지옥으로 추락한 것은. 그는 부르르 떨었다. 그 뒤로 여자의 동작은 빨라졌다. 여자가 젖은 수건으로 그의 양물을 닦아주고 있을 때 그는 지옥으로 추락한 자신의 처참해진 심정을 보았다. 어떻게 이럴 수가!

여자가 나머지 한쪽 다리는 건성으로 대충대충 주무르고, 이슥고 얼굴에 발라 굳은 젤을 떼어 눈가리개를 벗겨내도 그는 눈을 뜰 수가 없었다. 부끄러웠다. 이런 곳에서 전도할 생각을 하다니. 내가 순진한 것인가, 모자란 것인가? 이렇게 속수무책 당하다니. 여자가 자신이 목사라는 사실을 아는가. 농락당한 것만 같았다. 쥐구멍이라도 있으면 들어가고 싶었다. 아니, 어서 빨리 이발관을 벗어나고만 싶었다.

"그냥 가야겠는데……."

그는 여자를 쳐다보지도 못하고 안절부절.

"바쁘세요?"

"네."

그의 목소리는 속으로 기어들어갔다.

"머리 안 깎으실 거예요?"

"네."

"그럼 빨리 머리 감겨 드릴게요."

그는 다행이다 싶었다. 이발을 해야 한다면 꼼짝없이 이발을 당할 참이었다. 그의 의지는 이발관을 들어설 때 이미 밖에 두고 온 거나 다름없었다. 그는 여자가 시키는 대로 재빨리 의자에서 엎드렸다. 여자는 부리나케 머리를 감겼다. 드라이로 머리를 말리고 다시 누워 로션을 바르고 양말을 신었다. 이제 나갈 일만 남았다. 그러나…….

이 일을 어떡하지? 새로운 고민이 생겼다. 계산. 애초에 이발비도 모르고 들어왔던 그다. 얼마를 줘야 하는가? 분명히 이발비만 받진 않으리라. 난감했다. 물어볼 수도 없고. 알아야 면장을 해먹는다는 속담, 틀림없었다.

그가 의자에서 일어나 여자를 따라 처음 들어왔던 곳으로 나가자 지금까지 보이지 않던 뺀지르르하게 생긴 남자가 빙긋이 입을 쪼갰다. 너의 행실을 다 안다는 듯.

"바쁘신가 보죠?"

"아, 네."

여자는 양복저고리를 입기 편하게 벌렸다. 그는 팔을 꼈다. 어떡한다?

"계산……?"

그는 지갑을 꺼냈다. 남자는 못 본 척했다. 여자는 수줍은 표정을 지었다.

"얼마……를?"

"알아서 주세요."

"그래도……."

"다른 분들은 칠팔만 원 주세요. 좋으신 분들은 한 장도 주시고요."

"!!!"

여자가 마귀 같았다. 그는 돈을 세기 싫어 십만 원 수표 한 장을 던져줬다. 아깝지만 어쩔 도리가 없었다. 까마득했다. 자신의 지갑에서 돈이 나간 기억이. 여자의 입이 함박만 해졌다.

"또 오세요!"

어디 살며 뭐 하시는 분이냐고 물어보지 않은 것만도 천만다행이었다. 계단을 오르면서 그는 퇴폐이발소란 말이 희미하게 떠올랐다. 자기완 상관없는 다른 나라 얘기 같았었다. 그런 것이 같은 건물에 존재할 줄은 꿈에도 생각 못했다. 그런데 친히 체험을 하게 되다니! 그토록 자랑스럽게 여겨지던 상가 건물이 마귀의 소굴로 느껴진 건 그때부터였다.

왕복 4차선 도로변에 있는 상가의 일층엔 전자오락실과 24시 편의점과 치킨집이 있다. 이층은 라이브 카페라는 알파벳 필기체와 함께 에덴의 추억이라고 간판이 커다랗게 걸려있는 술집이고 삼층이 생명수 교회, 그리고 사층에 상가 건물주와 목사의 살림집이 있다. 전자오락실도 24시 편의점과 마찬가지로 밤낮으로 뿅뿅거린다.

김 목사는 이발소에서 그 일이 있고난 후 상가 건물에 세 들어있는 업소에 대한 전도를 포기했다. 그 순간이야 어찌 됐건 생각조차 하기 싫어 전도할 마음이 싹 가셔버린 것이다. 교회를 드나들며 계단을 오르내릴 때도 지하실만 쳐다보면 등골이 서늘해지고 가슴이 철렁 내려앉았다. 쉬지 않고 돌아가는 네온사인은 자신을 비웃는 것만 같고 행여나 면도하던 여자를 다시 만날까 가슴을 졸였다. 다행히 그 뒤로 마주치진 않았지만 혹시라도 만나게 된다면 시치미를 딱 떼리라 마음먹었다. 그것은 그 일 후에 참담한 마음을 가눌 길이 없어 강대상 앞에 엎드려 눈물 흘리며 기도한 해답이었다. 또한 마음을 다지기 위해 여태까진 자연스런 바람머리, 앞머리가 이마를 가리던 걸 머리를 뒤로 빗어 스프레이를 뿌려 이마가 훤히 드러나도록 다녔다.

이사 오고 시간이 지날수록 상가의 업소들은 하나같이 교회에 아무런 도움이 되지 못했다. 신축건물이나 다름없던 건물은 차츰차츰 지저분해졌다. 층과 층 사이 계단의 중간에 있는 화장실엔 수시로 사람들이 들랑거리고 중 고등학생들이 몰래 피우는 담배연기가 자욱했으며 치킨 집에서 풍겨나는 기름 냄새는 코를 찔렀다. 그러나 그런 것들은 사실상 사람 사는 곳이라면 으레 있을 수 있는 일이기에 이해할 수도 있었다. 문제는 에덴의 추억에서 밤이면 울려나오는 자지러지는 노래 소리와 술집과 교회가 같은 건물에 공존한다는 심정적인 거부감이 문제였다. 위에선 예배드리는데 어떻게 밑에선 술을 마실 수가 있으며, 위에선 기도드리는데 어떻게 밑에선 희희낙락할 수 있고, 위에선 찬송을 부르는데 어떻게 밑에선 고래고래 소리를 지를 수 있느냐는.

일요일 낮에 드리는 주일예배와 수요저녁예배, 금요철야기도, 새벽기도, 유초등부, 중고등부, 청년부 등 셀 수 없이 많은 예배와 여러 행사에 에덴의 추억은 심각한 방해물이었다. 술집 손님과 예배를 드리려는 성도가 나란히 계단을 오르내렸고 술 취한 사람이 계단에 퍼질러 앉아 있는가 하면 한밤중에 남녀가 껴안고 서로의 입술을 탐하는 장면까지 목격되었으니. 이런 환경에서 어떻게 교회가 부흥되길 바랄 수 있겠느냐는 목소리가 높아졌다.

위는 교회, 아래는 술집. 위는 하나님 중심인데 아래는 사람 중심이고, 위는 엄숙한데 아래는 시끄럽고, 위는 도덕적인데 아래는 퇴폐적이고, 위는 영혼을 구하는데 아래는 육신을 구하고, 위는 회개하는데 아래는 타락을 부추기고, 위는 맑은데 아래는 흐리고, 위는 빛을 좇는데 아래는 어둠을 좇는다. 도저히 양립할 수 없는 극단의 공존.

진풍경이었다. 김 목사는 고민했다. 생각 같아선 하루라도 빨리 그 상가를 벗어나고 싶은 마음만 간절했다. 도저히 불가능한 일이지만 그 건물을 통째로 살 수 있다면 얼마나 좋을까, 라는 꿈도 꾸어 보았다. 그렇게만 된다면 이발소도 내쫓고 에덴의 추억도 내쫓아버리고 일층에 있는 세 곳 점포 모두 내쫓아버리리라. 만약에 건물주가 성도가 된다면? 그래서 건물을 교회에 헌납한다면? 가능한 일이었다. 재벌 회장이 성도가 되어 거액을 헌금한다면? 그것도 가능한 일이었다. 그러나 그런 건 정말 꿈에 불과하다는 걸 그는 잘 알았다.

그렇다고 다른 데로 이사 갈 수도 없었다. 삼층의 임대 기간은 오 년이다. 내부시설비도 만만치 않게 들었다. 보증금의 일부는 은행에서 빌렸다. 현실적으로 교회가 움직이는 건 불가능했다. 그렇다고 건물주에게 이층에 술집이 들어서는 걸 말하지 않았느냐고 따질 수도 없었다. 교회가 문은 먼저 열었지만 계약은 술집 주인이 먼저 했다. 이층에 카페가 들어설 것이라는 사실을 목사도 알고 장로도 알고 권사도 알고 집사도 알았다. 뒤늦게야 카페라기에 차나 팔고 고상한 클래식이나 틀어 조용할 줄만 알았지 이렇게 술도 팔고 생음악으로 시끄러울 줄 예전엔 미처 몰랐다고 서로 발뺌하기에 바빴다. 어떻게 할 것인가. 목사는 물론이고 믿음이 깊은 성도 모두의 고민이었다.

급기야 주일예배 후 전 세례교인의 합동회의가 열렸다. 목사는 모두가 실감하는 난장판 위에 교회가 서있는 기상천외한 현실을 얘기하고는 어떻게 하면 좋겠는가, 의견을 물었다. 그러자 술집에 사람들이 들어가지 못하도록 청년회가 방해하자는 의견이 나왔다. 그러나 그것은 영업방해로 법에 저촉되는 행위라는 말에 쏙 들어가고 말았다. 교회가 이사 갈 수는 없으니 술집이 이사가도록 설득하자는 의견이 나왔다. 그러나 그 의견도 술집 주인이 천사가 아닌 이상 이사 비용과 인테리어비용을 물어줘야 그나마 가능할 것이라는 전제조건에 모두가 고개를 저었다. 더 이상 뾰족한 의견이 나오지 않았다. 모두가 서로의 얼굴만 쳐다볼 뿐이었다. 그때였다. 나이 팔십이 되는 홍 권사가 일어나 참으로 답답하다는 듯 외쳤다.

"구하라 그러면 너희에게 주실 것이요 찾으라, 그러면 찾을 것이요 문을 두드리라 그러면 너희에게 열릴 것이니, 구하는 이마다 얻을 것이요 찾는 이가 찾을 것이요 두드리는 이에게 열릴 것이니라. 그런 예수님의 말씀도 잊으셨습니까? 기도하면 될 것을 뭘 그리 걱정들 하세요. 우리 모두 저 놈의 술집 망하라고 기도합시다. 망하면 조용해질 것 아니요?"

그녀의 목소리는 믿음으로 카랑카랑했다. 그러자 주여, 아버지를 입에 달고 다니는 이 집사가 맞장구를 쳤다.

"권사님 말씀이 맞습니다. 예수님께서는 너희가 기도할 때에 무엇이든지 믿고 구하는 것은 다 받으리라 하셨습니다. 오늘부터 당장 이층에 있는 술집 망하게 해달라고 철야기도를 드립시다."

"그럽시다."

다른 대안이 없었다. 모두가 이구동성으로 기도뿐이라는 데 공감을 표시했다.

그날 밤부터 김 목사를 비롯한 생명수 교회 열혈성도들은 철야기도에 들어갔다. 성도들은 술집 망하게 해달라고 기도했지만 김 목사는 이발소까지 망하게 해달라고 간절히 기도했다.

*

에덴의 추억. 밤 열시가 되었건만 테이블은 반도 차지 않았다. 개업하고 나서 처음 몇 달은 주변에 없는 라이브무대라는 신선한 매력 때문인지 장사가 곧잘 되었다. 그러나 시간이 지날수록 손님이 들지 않았다. 종업원의 인건비며 관리비, 출연료, 대출금 상환 등 고정비용은 줄어들지 않는데 수입은 자꾸 줄어드는 것이다. 지난달은 서어빙하는 아르바이트생을 두 명 줄이고 소모품을 아낀다고 아꼈는데도 적자를 면치 못했다. 불길한 생각이 머릿속을 떠나지 않았다. 윤정은 한숨을 쉬며 맥주를 홀짝였다. 무대 위에선 〈숨어 우는 바람소리〉라는 애절한 노래를 이제 막 스무 살을 넘긴 어린 여가수가 이별을 몇 번이나 경험한 것처럼 참 청승맞게도 잘 부른다.

"물장사를 아무나 하는 게 아니다. 결코 쉬운 일이 아냐. 잘 생각해서 해. 털어먹는 거 한순간이야."

자신도 물장사를 하면서 친구는 그렇게 말했다. 똑같은 이혼녀 신세인 친구의 가게는 거의 매일 손님으로 넘쳐난다. 돈이 통장에 두둑해지고. 돈이 사람을 달라보이게 하는가. 친구는 이혼하기 전보다 훨씬 좋아 보인다. 얼굴의 혈색부터 달라졌고 반지며 목걸이 같은 장신구, 입고 다니는 옷, 타고 다니는 자동차도 최고급이다. 행동거지도 품위 있고 만나는 남자들 또한 핸섬한, 잘나가는 부류뿐이다. 네가 그럴진대 내가 못할 게 뭐야?

"내가 할 수 있는 게 있어야지. 친구 좋다는 게 뭐니? 널 믿고 하려는 거야."

남편의 외도. 한 번은 용서했으나 두 번째는 용서가 되지 않았다. 아이들까지 맡겨버리고 이혼을 결심한 건 친구의 당당한 홀로서기에 영향을 받았다고 해도 과언이 아니다. 저는 뭐 날 때부터 술장사였나? 물론 처음 시작할 때 친구의 도움은 컸다. 그러나 도와주는 것도 한계가 있었다. 친구의 가게에서 경험을 쌓는다고 몇 달을 지켜본 바가 있어 친구와 똑같이 한다고 하는데도 어딘가 모르게 어설펐다. 그러자 가게의 장소며 종업원이며 출연진이며 안주까지도 친구의 가게보다는 왠지 어설프고 모자라다는 생각이 떠나지 않았다. 친구의 가게는 초저녁부터 새벽까지 손님이 많건 적건 간에 열기가 넘치는데 에덴의 추억은 절정의 시간에도 그만큼의 열기가 느껴지지 않았다. 친구의 가게는 손님이 없어도 언제고 들이닥칠 분위기인 반면에 자신의 가게는 있던 손님마저 곧 나가버릴 것만 같았다. 무대 위의 가수가 아무리 분위기를 잡아보려 애가 타도록 소리를 지르지만 억지처럼 여겨졌다. 그러다보니 손님까지도 친구의 가게에 오는 손님들과 격이 다르게 보였으니.

무엇 때문에 이러는가. 손님에게 대하는 내 태도?

친구는 당당했다. 점잖은 손님에겐 의연했고 지분대는 손님에겐 도도했다. 젊은 사람들에겐 포근하고 나이 든 사람들에겐 발랄하게 대했다. 나도 친구 못지않다! 외모에서도 학생 시절부터 친구는 나보다 한수 아래였다. 친구가 나보다 앞서는 것은 이혼과 술장사를 빨리 시작했다는 것뿐, 정말 나을 게 없다고 자부했다.

무엇이 문제인가. 친구의 가게도 상가의 삼층이다. 다만 친구 가게의 사층과 오층은 모텔이라는 것이 달랐다. 가만? 내 가게의 위층은? 교회, 교회다!

멀리서 가게를 보면 낮에는 옥상의 첨탑이 먼저 눈에 띄고 밤에는 붉은 십자가가 선명했다. 술집과 교회. 절대로 궁합이 맞을 리 없다. 왜 이걸 여태껏 몰랐을까.

"좀 이상해요."

"뭐가?"

"교회 밑에서 술병을 나른다는 거요."

아르바이트 여대생도 손님들에게 인기가 좋은 미스 리도 그런 말을 했었다. 그러나 한쪽 귀로 흘렸다. 장사가 그런 대로 되었기 때문에.

"장 마담, 터를 잘못 잡은 거 아뇨?"

"터를 잘못 잡다니요?"

"나도 일요일이면 교횔 가는데 어쩐지 꺼림직 하거든. 하긴 술 마시고 바로 고개 들어 회개할 수 있으니까 나쁠 것도 없겠지만 말이야."

건설 회사를 운영하는 박 사장도 웃으며 한 말이다. 농담조로 들렸지만 요즘 그가 오는 일도 뜸하다. 그러고 보니 하나에서 열까지 장사가 잘 되지 않는 게 모두 교회 때문으로 보였다. 간혹 가다 마주치는 교회 신자들의 외면하는 눈길도 사실은 경멸하는 차원을 넘어 벌레 보듯 했다는 생각이 들자 소름이 쭉 끼쳤다.

하긴 자신부터도 위에서 십자가가 벌겋게 불을 밝히고 있는 술집엘 가는 것보다 여차하면 들어가기 편리한 모텔이 있는 술집을 선호할 참이다. 어쩌자고 그 많은 세상살이 중에 하필 교회가 들어섰단 말인가.

그녀는 삼층에 교회가 들어설 줄은 애당초 까맣게 몰랐었다. 계약을 해놓고 며칠 있다 인테리어 공사를 하려고 보니 이미 교회가 이사 와 있었던 것. 그때까지만 해도 무심코 교회가 들어왔구나, 그랬었다. 별 문제가 있으리라곤 꿈에도 몰랐다.

찬바람이 불면 좀 나을까 싶었으나 여전히 장사는 잘 되지 않았다. 그렇다고 라이브 무대를 없앨 수는 없어 중요한 시간을 빼고는 출연료가 아주 싼 아마추어들로 채웠다. 대신에 술값을 내리고 팔지 않던 소주도 메뉴에 넣었다. 그러나 손님은 늘지 않았다. 하루하루 적자는 쌓여갔다. 술을 공급하는 업체에선 룸을 만들어 예쁜 아가씨들을 데리고 장사해보라 권해왔다. 그러자니 다시 시설을 해야만 했다. 이미 남편과 헤어지면서 받은 위자료는 한 푼도 남아있지 않았다. 어떡해야 하나. 이미 들어간 돈을 생각하니 문을 닫을 수도 없고 문을 계속 열자니 빚만 늘어나고. 이러지도 못하고 저러지도 못하는데, 목사가 찾아와 간판 불 좀 잘 끄고 다니란다.

'신자들이 술집에 들어서는 기분이라고? 훙, 우리 손님들은 교회 와서 술 먹는 기분이라 뭣 같단다. 아예 문을 닫으라고 하시지?'

속에선 열불이 났으나 알았다고 웃으며 보냈다. 생각 같아선 그 잘난 얼굴에 독한 양주를 끼얹어주고 싶었다.

그녀는 오기가 생겼다. 의식적으로 간판의 불을 끄지 않았다. 알 만한 사람들에게 전화를 하고 손님들에게서 받은 명함을 들추며 갖은 웃음으로 전화를 했다. 놀러 좀 오시라고. 돈이 없고 카드가 없으면 외상도 서슴없이 주었다. 종업원들에게 금지시켰던 술시중도 들게 했다. 자신이 솔선수범했다. 잘 마시지 않던 술도 마셨다. 원래 많이 마시지 못하는 술인지라 조금만 도가 지나쳐도 속이 울렁거려 화장실에서 토했다. 그런데도 또 마셨다. 그러나 적자였다. 어떤 때는 종업원들만이 가수의 노래를 들었고 어떤 날은 고작 한 테이블의 손님만 받은 날도 있었다. 노래하는 사람도 듣는 사람도 신이 나지 않았다. 얼굴에선 피곤한 기색이 떠나지 않았고 팽팽하던 피부도 거칠어졌다. 화장을 하지 않아도 예쁘다는 소리를 들었건만 이제 화장하지 않으면 손님 앞에 나설 용기도 없어졌다.

더 이상 견디기 힘들었다. 몸도 마음도 지쳤다. 돈을 더 빌릴 곳도 없었다. 그 누구도 의지할 데가 없었다. 결국 노래하는 사람은 오지 않았고 종업원들도 스스로 떠났다. 망한 것이다.

그래도 불은 밝혔다. 생음악 대신 오디오에서 흘러나오는 음악 소리를 키웠다. 허망했다. 이혼한 지 1년도 안 돼 가진 거 다 털어먹은 것이다. 텅 빈 가게에 그녀는 홀로 앉아 술잔을 기울였다. 앞으로 살길이 막막했다.

"아! 하나님, 어찌해야 합니까?"

하나님을 믿는 건 아니었다. 저절로 나온 소리였다.

"교회 다녀라. 이 세상천지 믿을 건 하나님밖에 없다. 하나님께 매달려라. 너희 서방 그러는 거 하나님께서 붙잡아 주실 게다."

일찌감치 홀로 되신 친정어머니의 간절한 부탁에도 윤정은 교회를 나가지 않았다. 어떻게 교회 나간다고 남편의 바람기를 잡는단 말인가. 말도 안 되는 소리였다. 그녀는 하나님을 믿기보다 남편의 각서를 믿었다. 다시 한 번 바람을 피우는 날엔 무조건 이혼한다는 각서. 그녀는 남편을 사랑했고 남편도 그녀를 끔찍이도 사랑했다. 둘 사이에 이혼은 절대로 있을 수 없는 일이었다. 한 번은 실수라 생각했다. 그래서 그녀는 남편의 사랑을 믿었고 이혼에 대한 강력한 경고를 신뢰했다. 그러나 남편은 또 바람을 피웠다. 그래도 남편을 사랑하지 않은 건 아니었다. 그만큼 사랑했기에 배신감도 그만큼 컸다. 하지만 이혼을 무릅쓰고 피운 바람이었다. 그래서 용서할 수 없었다. 남편은 이혼 서류를 내미는 그녀 앞에서 사색이 되었다. 남편의 그녀에 대한 사랑은 바람을 피우고서도 전혀 흔들림이 없다는 걸 그녀는 잘 알았다. 그녀는 그게 아이러니였고, 그게 더 가증스러웠다. 그래서 결행했던 이혼이었다.

'남편의 바람은 내가 교회를 다니지 않아 계속되었던 걸까?'

그럴지도 모른다. 사랑은 전혀 변함이 없었지 않은가. 그가 그리웠고 아이들이 보고 싶었다. 후회스러웠다. 당당히 홀로서기에 성공해서 아이들에게 나서고 싶었는데…… 비참했다. 교회에 가볼까? 바로 위에 있는데. 오늘이 몇 요일이더라? 아니, 요즘은 매일 밤마다 찬송 소리가 들리잖아. 다시 시작하게 해달라고, 손님이 꽉꽉 들어차게 해달라고 하나님께 매달려볼까? 술을 마셨잖아. 마셨으면 어때, 이 답답한 심정을 더 잘 알아주시겠지.

윤정은 살금살금 계단을 올라갔다. 부끄러웠다. 문 앞에 서서 머뭇거렸다. 웅성거리는 소리가 안에서 들려왔다. 무얼 망설이랴. 슬그머니 문을 열고 들어가 자리에 앉았다. 아무도 쳐다보지 않았다. 천정에서 몇 개의 등만이 희미한 빛을 내고 있었다. 어떻게 해야 하는가. 옆을 보고 앞을 보았다. 모두가 고개를 숙이고 뭐라고 중얼거렸다. 엄숙한 분위기였다. 기도하는가보다. 그녀도 고개를 조아리고 눈을 감았다. 어찌해야 합니까, 하나님? 그녀는 기도할 줄도 몰랐다. 그렇지만 교회라는 곳에 들어와 앉았다는 것만으로도 안도감이 일었다. 두근거리던 가슴도 서서히 진정이 되어갔다. 그러자 들리지 않던 소리가 옆자리와 앞자리에서 또렷하게 들려왔다.

"이루지 못 할 것이 없으신 하나님 아버지. 당신께서 이곳에 허락하신 이 신성한 교회가 물질과 쾌락에 눈이 먼 자들에 의해 심각한 위협을 받고 있습니다. 그들은 저희들이 예배하는데 술을 마시고 기도하는데 노랠 부르며 찬송하는데 고함을 지릅니다. 아버지, 저들을 물리쳐 주시옵소서. 예수님께서는 예루살렘 성전을 강도의 굴혈로 만든 자들을 책망하시고 모든 장사치들을 내쫓으셨습니다. 우리 교회도 저 타락한 자들의 더러운 모습과 음성이 들리지 않도록 도와주시옵소서. 저희 교회를 정결케 하여 주옵소서. 하루 속히 술집이 떠나가도록 역사하여 주시옵소서. 술을 파는 자들도 망하고 술 마시는 자들도 망하게 하여 주시옵소서."

아니? 이게 무슨 말인가? 윤정은 자기 귀를 의심했다. 술을 파는 자도 망하고 술 마시는 자도 망하게 해달라니?

"하나님 아버지, 도대체 에덴의 추억이 무슨 망발입니까? 하나님 지으신 동산을 타락의 온상인 술집으로 모욕해도 되는 건가요. 하나님을 업신여기는 행위를 어찌 보고만 계십니까. 절대로 용서하지 않으실 줄 믿습니다. 그들이 철저하게 망하게 될 줄 믿습니다. 그리하여 하나님을 믿고 따르는 백성들이 더욱 더 하나님을 사랑하고 사모하게 될 줄 믿습니다."

에덴의 추억을 망하게 해달라고? 온몸에 소름이 쭉 끼쳤다. 둔기로 뒤통수를 얻어맞은 기분이었다. 이러고 있으니, 이렇게 처절하게 기도하고 있으니…… 장사가 될 리 만무했다. 틀림없었다. 자기가 망하게 된 게 교회 때문임은 의심할 여지가 없었다. 이들이 저녁마다 부르짖는 기도는 다름 아닌 술집 망하게 하나님께 졸라대는 것 아닌가. 어찌 망하지 않고 배겨날 수 있었으랴.

윤정은 참을 수가 없었다. 다음날부터 그녀는 녹음기를 들고 철야기도에 참석했다. 그리곤 신도들의 인정사정없는 기도내용을 모조리 녹음했다.

*

윤정은 교회를 경찰에 고소했다. 교회 신자들의 기도 때문에 자신의 술집이 망하게 되었으므로 손해를 배상하라고.

*

김 목사는 어이가 없었다. 살다 살다 이런 꼴까지 당해야 하나? 기가 막혔다.

*

경찰은 목사와 윤정을 불러 물었다.

“고소인은 정말로 기도로 인해서 술집이 망했다고 생각하십니까?”

“그럼요. 틀림없습니다. 날이면 날마다 모든 교인들이 합심해서 그렇게 기도하는데 망하지 않고 배겨날 수 있겠습니까?”

“목사님은 그게 가능하다고 생각하십니까?”

목사는 어처구니가 없다는 듯 웃었다.

“그게 상식적으로 맞는다고 보세요? 어떻게 기도한다고 술집이 망하겠어요? 이 개명 천지에 기도해서 모든 게 이루어진다면 안 이루어질 게 어디 있겠어요. 천만의 말씀입니다. 아마 기도해서 술집이 망했다고 하면 지나가는 개도 웃을 겁니다.”

그는 오히려 똑같이 기도했는데 어째서 술집만 망하고 이발소는 망하지 않은 거냐고 반문하고 싶은 심정이었다.

믿는다.

안 믿는다.

한 치도 물러서지 않는 두 사람.

경찰은 조서에 이렇게 썼다.

〈하나님에 대한 술집 주인의 믿음은 매우 확고했으나 목사의 믿음은 너무 형편없었다.〉

갈마(褐磨) 속성

초등학교 3학년 때, 무슨 이유인지 담임선생님이 여러 번 바뀌었다. 그중 마지막으로 담임을 맡았던 선생님이 미술 숙제로 그림을 그려오라 했다. 나는 두 점을 학교에 가지고 갔다. 하나는 누나가 그린 나뭇가지에 앉아있는 참새 모습이고 또 하나는 내가 그린 농부가 낫을 옆에 놓고 막걸리를 마시고 있는 풍경이었다. 누나가 그린 그림이 아주 잘 그린 것으로 보여 여차하면 그걸 낼 작정이었던 것이다. 하지만 난 고민을 거듭하다 결국 내 그림을 내었다. 그림 뒤에 이름을 써서. 누나가 그린 그림은 숙제를 해오지 않은 다른 아이에게 주고.

다음날, 선생님은 내 그림을 반 아이들에게 보여주며 나를 앞으로 불렀다.

칭찬하시려고? 그런데 선생님은 내 기대를 여지없이 깔아뭉개고 손바닥을 대라는 것이었다. 영문을 몰랐지만 불길한 느낌이 들어 머뭇거리며 손바닥을 앞으로 내밀었다. 내민 손을, 불안하게 펼쳐진 아직 여물지 못하고 여리기만 한 그 손을 선생님은 대나무로 만든 매로 무지막지하게 때리는 게 아닌가.

"이거 누가 그렸어!"

"제가요."

"그래도 거짓말을 해?"

"정말로 제가 그렸어요."

누나가 그린 그림을 냈다면 몰라도, 그 그림과 그 그림을 낸 아이는 트집도 잡지 않으면서 내가 그린 그림을 누가 그린 그림이냐며 선생님은 바른 대로 대라고 때리고 또 때렸다. 참으로 어처구니없는 일이었다.

“이 새끼야, 감히 선생님을 속여? 나는 다른 것은 다 용서해도 거짓말하는 건 절대 용서 못한다. 누가 남의 그림을 훔쳐내라고 했어? 선생님이 모를 줄 알고? 어서 말 못해!”

내가 그림을 그토록 잘 그렸던가? 손바닥만 때리는 게 아니었다. 어깻죽지도, 머리도, 엉덩이도, 등도, 허벅지도, 종아리도 가리지 않았다. 누구 거야! 고함과 함께 내려친 대나무매가 쪼개지고 부러졌다.

“제가 그렸습니다.”

“엉? 아직도 매를 덜 맞았구먼.”

선생님은 이젠 매를 버리고 손으로 나의 빰을 때렸다. 아니 갈겼다. 입에서도 코에서도 피가 터졌다. 눈물을 펑펑 쏟았다. 처음엔 아파서 울었으나 나중엔 분하고 억울해서 울었다.

“마지막으로 묻는다. 누가 그렸어?”

아예 입을 다물어 버렸다. 그러자 발길질이 쏟아졌다. 초등학교 3학년으로서 감당하기 힘든 교육, 아닌 폭력이었다. 다른 아이들은 침묵했다. 무거운 교실엔 그의 발악만 난무했다.

“누가 그려줬느냐 말이다!”

“……”

할 말이 없었다. 때리는 대로 맞을 수밖에. 선생님도 지쳤는지 내게 종례 때까지 교실 뒤에서 손을 들고 꿇어앉아 있으라고 했다. 청소가 끝나고, 종례가 끝나고, 아이들은 모두 집에 들어간 시간, 선생님은 내게 조용히 물었다.

“용서해줄 테니 바른 대로 말해라. 누가 그렸니?”

누가 누구를 용서하는가. 나는 선생님의 눈을 똑바로 직시하며 말했다.

“제가요.”

"지독한 놈!"

선생님은 내 눈을 피하며 그렇게 뇌까리곤 슬그머니 교실을 빠져나갔다. 나보고 집에 가라는 말도 하지 않고서. 까닭 모를 슬픔과 함께 분노가 몰려왔다.

나는 저린 발을 끌고 내 자리로 가 책보를 싸다가 칠판 앞으로 다가가 그림을 그리기 시작했다. 방망이에 못이 박힌 흉측한 몽둥이를 들고 있는 도깨비, 악마였다.

다음날 아침, 밤새껏 고민하다 그림을 지우기 위해 다른 날보다 일찍 학교에 갔지만 이미 도깨비는 사라진 뒤였다.

그 후로 선생님과 나 사이는 냉전이 시작되었다. 아니 냉전이라고도 할 수 없었다. 그는 아예 날 무시했으니까. 그의 눈길이 단 한 번도 내게 머물지 않았으니까.

나는 그 뒤로 그림을 잘 그리려고 애쓰지 않았다. 미술 시간도 싫어졌다. 아직까지 그렇게 매를 맞아본 기억이 없다. 군대에서도, 영등포에서 깡패에게 당했을 때도.

수십 년이 지난 지금까지 그 어처구니를 잊지 못한다. 어쩌자고 그 선생님은 나를, 바른 대로 말하는 나를, 아무 잘못(누나 그림을 내려했던 마음이나 친구에게 준 건 잘못이지만 그게 문제가 아니었으니)도 없는 나를 그렇게 두들겨 팰 수밖에 없었을까. 생각해보면 그는 아무리 군사부일체의 정신이 시퍼렇게 살아있던 시절이었지만 선생이 아닌 미친개였다.

그 미친개의 얼굴은 기억나지 않는다. 잊으려 노력하면 할수록 또렷하게 나타났었지만 그럴 때마다 그 얼굴에 수천 번 침을 뱉고 송곳으로 무참하게 난도질을 했다. 증오가 극에 달할 즈음 그의 얼굴은 사라졌다.

세상을 살아가면서 우리는 무수한 사람을 만나고 여러 가지 문제에 부딪치며 복잡하게 얽히고설킨 관계를 형성한다. 그런 가운데 나는 무엇이며 상대에게 어떻게 기억되는가. 그 선생은 분명히 내가 그린 그림이라는 걸 때리는 도중에 알았을 것이다. 그렇지만 자신의 과오를 인정하고 싶지 않아 계속 억지를 부렸던 것이다. 그리고 그는 얼마간은 찜찜한 기분에 사로잡히다 나를 곧 잊었겠지만 나는 아직도 그를 미친개로 기억한다. 이게 바로 씻을 수 없는 갈마(羯磨)다. 갈마는 자기도 모르는 순간에 무섭게 만들어질 수가 있는 것이다.

밀레니엄문학회 연혁

〈사업 및 활동실적〉

A. 문학세미나

1. 1999년 6월 ; 충청남도 예산시
   김정호 생가 및 기념관 문학기행 세미나
2. 2000년 8월 ; 강원도 삼척시
   역사탐방 및 문학기행 세미나
3. 2001년 8월 ; 전라남도 광주광역시 및 화순시 지역문학의 교류와 협력 세미나
4. 2001년 10월 ; 전라북도 고창군
   서정주 시인 생가 및 기념관 문학기행 세미나
5. 2002년 5월 ; 충청북도 충주시
   문학기행 세미나
6. 2002년 11월 ; 강원도 강릉시
   문학기행 세미나
7. 2003년 8월 ; 경상북도 대구광역시
   문학기행 세미나(유니버시아드 대회 기념 시화 작품전시회)
8. 2003년 10월 ; 전국 6개 시 동인 모임 참여(관악산)
9. 2004년 5월 ; 전국 6개 시 동인 세미나(김포시 문수산성)
   바라시, 바탕시, 예도시, 탈후반기, 풍류문학, 밀레니엄, 서정시마을
10. 2004년 6월 ; 경기도 파주 연천
    문학기행 세미나
11. 2004년 8월 ; 경기도중등교사 하계세미나에 '김남조 시인' 모시고 다녀옴
    경기도 용인시 자연휴양림
12. 2004년 10월 ; 6개 동인 세미나 경기도 덕소(바탕시, 바라시, 예도시, 풍류시, 탈후반기, 밀레니엄)
13. 2005년 7월 ; 경기도 안성시 문학기행 세미나
14. 2005년 8월 ; 광복60주년 맞이 1천명 한국문학인 대회 참가(백담사 문학세미나)
15. 2005년 8월 ; 경기도 문인협회 세미나 참가(충주 월악산유스호스텔)
16. 2005년 10월 ; 김사갓문화예술제 참가(강원도 영월시)
17. 2005년 10월 16일 ; 연합동인 세미나(의정부 미가담카페) (바탕시, 바라시, 탈후반기, 애도시,밀레니엄)
18. 2006년 3월 26일 ; 밀레니엄 시낭송회 및 세미나 가평 '뮤직카페 열린무대'에서
    후원 ; 경기일보 가평지사 및 4개 지역 신문사
    협찬 ; 뮤직카페 열린무대, 지식과 사람들
    김유정문학관 방문
19. 2006년 5월 21일 ; 연합동인 모임 안양 백운호수 '피아노 레스토랑 카페'
    5개 연합동인 바탕시, 바라시 애도시, 탈후반기, 밀레니엄문학회,
20. 2006년 8월 18-19일 ; 밀레니엄문학회 하계세미나(충주시)
    역사 및 문학탐방(사적지 탐방 ; 반현숙 사적지 해설가님께서 해설)
    (시비 견학 ; 박찬승 선생님께서 안내 및 해설)
21. 2006년 9월 30-10월 1일 ; 제9회 난고 김삿갓(김병현)문학축제 참가
    영월군 하동면
22. 2006년 10월 15일 ; 연합동인 모임(경기도 덕소)
    바탕시, 바라시, 애도시, 탈후반기, 밀레니엄문학회
23. 2006년 11월 1일 ; 한국현대시인협회 국제세미나(문학의집)(한중 국제세미나)
24. 2006년 11월 1-4일 ; 국제펜클럽한국본부 제13회 국제문학심포지엄
    참가국 ; 스페인, 카나다, 일본, 중국 한국(국민일보 메트로홀)
25. 2006년 12월 9-10일 ; 지역문학전국시.도문학인교류대회 참가(전남 화순군 금호리조트)
26. 2007년 5월 20일 ; 연합동인 모임(경기

도 덕소 묘적사)

27. 2007년 5월 26일 ; 국제펜클럽한국본부 '2007 정례문학세미나' 참가(문학의 집)

28. 2007년 6월 2일 ; 서대문노인복지관 문학반 세미나(용인수녀원 및 팜파스레스토랑)

29. 2007년 8월 14-15일 ; 밀레니엄문학회 하계세미나(충주 문학 기행, 박찬승, 반현숙 선생 안내)

30. 2007년 10월 6-7일 ; 제10회 김삿갓(난고, 김병현) 문학제에 다녀옴
김삿갓 탄생 200주년 기념 특별 행사(문인 1000여명 초청 문학 큰 잔치)

31. 2007년 10월 16-21일 ; 국제펜클럽한국본부 '국제문학포럼' 참가(중국 천진시 문인협회참가)

32. 2007년 10월 20일 ; 시동인연합 모임(미가담)
바탕시, 애도시, 탈후반기, 밀레니엄문학회

33. 2007년 10월 27일 ; 서천군 과 밀레니엄문학회 공동주최 '초중고생 백일장대회' 10만평 갈대밭, 철새도래지, 한산모시 제작 관람

34. 2008년 3월 15-16일 ; 국제펜클럽, 한국문협, 동리.목월문학관 공동 주최 경주세미나 참가
연사 ; 이어령 교수(시와 소설에 나타난 가족의 의미)

35. 2008년 5월 18일 ; 시동인연합 정기 모임(몽마르트 라이브카페)(양평군 서종면 문호리 636번지)
바탕시, 예도시, 탈후반기, 시마을, 밀레니엄, 들꽃, 100명 참석(밀레니엄 주관)

36. 2008년 10월 3일 ; 한국현대시인협회 세미나 참가(통영시 청마(깃발)축제 1박2일)

37. 2008년 10월 6일 ; 서대문노인복지관 문예창작반 세미나 진행(강화도 육필문학관)

38. 2008년 10월 10일 ; 국제펜클럽한국본부 세미나(백철선생 탄생 100주년 기념문학 세미나) 청주시 1박2일

39. 2008년 10월 19일 ; 시동인 연합 정기모임(경기도 덕소)
바탕시, 예도시, 탈후반기, 밀레니엄, 시마을 동인 등 50명 참석

40. 2009년 5월 9일 ; 영양군 '조지훈문학축제' 참가 43명 참석(정찬우 문학강연) 1박2일)

41. 2010년 5월 16일 ; 시동인연합 정기 모임(양평)
바탕시, 예도시, 탈후반기, 밀레니엄, 시마을, 동인 등 60여명 참석

42. 2010년 10월 17일 ; 시동인연합 정기모임(고양시 쥐눈콩이마을 레스토랑)
바탕시, 예도시, 탈후반기, 밀레니엄, 시동인, 등 9개 동인 120여명 참가(밀레니엄 주관)

43. 2010년 11월 13일 ; 밀레니엄문학회 세미나(계룡산 갑사 및 도예촌)

44. 2011년 5월 ; 시동인연합 정기모임(경기도 양평)

45. 2011년 10월 ; 시동인연합 정기모임(경기도 양평)

46. 2012년 5월 20일 ; 시동인연합 정기모임(경기도 덕소)

47. 2012년 9월 10일 ; 국제펜클럽 세계펜대회 참가(경주시)

48. 2012년 10월 13일 ; 밀레니엄 야회 세미나 겸 농촌 봉사활동(김포시 조종대 농장에서)

49. 2012년 10월 21일 ; 시동인연합 정기모임(삼청공원에서 김경린선생 시비제막식 겸해서)
(바탕시, 예도시, 탈후반기, 밀레니엄, 시마을 등 9개 동인 80여명 참가)

B. 문학비 건립

1. 2000년 12월 ; 제1호 문학비(시비) 건립(경기도 하성군 하성성당 내)
2. 2001년 10월 ; 제2호 문학비(시비) 건립(경기도 의왕시 천주교 수원교구 연수원 내)

3. 2002년 8월 ; 제3호 문학비(시비) 건립 (경기도 용인시 영보수녀원 내)
4. 2005년 3월 ; 제4호 문학비(시비) 건립 (경기도 광명시 도덕파크공원 내)
5. 2005년 3월 ; 안산시 호수공원내 문학공원(시비공원) 건립, (시비 18기 건립)

C. 세계한민족 도서관 건립

1. 샌프란시스코 ; 제1호 도서관 건립(2003년 6월)
2. 오클랜드 ; 제2호 도서관 건립(2003년 9월)
3. 후레스노 ; 제3호 도서관 건립(2004년 4월)
4. 중국 연길시 ; 제1호 도서관 건립(2004년 7월)
5. 콜로라도 ; 제4호 도서관 건립(2004년 9월)
6. 쎄크라멘토 ; 제5호 도서관 건립(2004년 9월)
7. 덴버 ; 제6호 도서관 건립(2004년 7월 9월)
8. 일본 오사카 ; 제1호 도서관 건립(2004년 10월)
9. 일본 동경 ; 제2호 도서관 건립(2005년 9월)
10. 중국 북경 ; 제2호 도서관 건립(2005년 3월)
11. 중국 북경, 남경, 천진 ; 각 대학에 도서 지원(2005년 12월)

D. 예술제

1. 2003년 10월 ; 밀레니엄 문화예술제(동, 서양화 서예, 시화)
   COEX CONVENTION CENTER(세계한상대회 기간 중)
2. 2004년 10월 ; 시화등전시회(분당 삼성 프라자 6층 겔러리)
3. 2004년 11월 ; 김영은 첼로독주회 참가 (밀레니엄전가족)
4. 2004년 11월 ; 국민시낭송의밤(대한민국국회, 전국문화원연합회 주최) 참가 (장소 ;국회의사당 국회 도서관)
5. 2005년 11월 ; 시의날 기념 '시와 음악이 춤추는 밤' 참가(광진문화원)
6. 2006년 11월 ; '시와 음악이 춤추는 밤' 참가(광진문화원)
7. 2007년 11월 ; '시와 음악이 춤추는 밤' 참가(광진문화원)
8. 2008년 11월 ; '시와 음악이 춤추는 밤' 참가(광진문화원)
9. 2009년 11월 ; '시와 음악이 춤추는 밤' 참가(광진문화원)
10. 2010년 5월 ; 서울오라토리오와 KOIMA CEO합창단 협연(예술의전당)
11. 2010년 11월 ; '시와 음악이 춤추는 밤' 참가(광진 청소년문화원)
12. 2010년 12월 ; KOIMA CEO 합창단 제1회 정기공연(단장 정찬우) 주최(장천 아트홀)
13. 2011년 10월 ; KOIMA CEO 합창단 공연 (단장 정찬우) 정부 동반성장위원회 초청공연 한국전력 공연장)
14. 2011년 11월 ; KOIMA CEO 합창단 공연제2회 정기공연(단장 정찬우)주최 (용산아트홀)
15. 2011년 6월 ; 서울오라토리오와 KOIMA CEO합창단 협연(예술의전당)
16. 2012년 7월 ; 서울오라토리오와 KOIMA COE합창단 협연(예술의 전당)

E. 시집 출판

1. 정찬우 시집 ; '내 영혼의 하얀 미소'(1998년)
   '내게 사랑 하나 있네'(2000년)
   '꽃으로 선 당신'(2007년)
2. 강기옥 시집 ; '하늘빛 사랑'(1999년)
   '빈자리에 맴도는 그리움으로'(2001년)
   '오늘같은 날에는'(2002년)
   '내안의 기쁨으로'(2006년)
3. 이지영 시집 ; '그리움으로 달려가 달빛처럼 젖고싶다'(1995년)
   '젖은날의 일기'(1998년)
   '꿈꾸는 밀어'(2000년)
   '가까운 사람아 먼 사람아'(2001)
   '산 하나 품고'(2003년)
   '사랑으로 가는 바람'(2006년)
   '절망의 층계 쌓기'(2007년)

'소멸의 뒤안길'(2008년)
'육부능선에 서서'(2010년)
'서울 속의 바다'(2011년)
'눈꽃 사랑' 시선집(2012년)

4. 양일석 시집 ; '포도 따는 남자'(2000년)
5. 위상진 시집 ; '햇살로 실뜨기'(1999년)
6. 이종봉 시집 ; '작은사랑 그대 가슴에'(1998년)
7. 정옥인 시집 ; '갖고 싶어도 못 갖는 것은'(1999년)
   '눈물로 피는 꽃'(2002년)
   '그리움이란 무지개'(2005년)
8. 차영주 시집 ; '그리우면 그리운대로'(2000년)
   '삶이 버거울 때 읽는 시'(2003년)
9. 홍광선 시집 ; '소리의 유혹'(2001년)
10. 밀레니엄 시선 ; '아우성'(2002년)
11. 밀레니엄 시선 ; '잎새의 끈(2004년)
12. 강희동 시선 ; '손이 차가워지면 세상이 쓸쓸해진다'(2005년)
13. 박희주 자전적 소설집 ; '준비한 삶이 당당하다'(2005년)
    소설집 ; '사랑의 파르티 잔'(2008년)
14. 김정현 시집 ; '네가 손끝으로 말하면 나는 작은 눈으로 듣는다'(2005년)
15. 변영표 시집 ; '어디로 가야'(2007년)
16. 밀레니엄 시선 ; ' 그대 눈빛 하나로 그리움은 꽃이 되고'(2005년)
17. 서대문노인종합복지관 문학반 문집 ; '황혼의 들녁에 서서'(2006년)
18. 유재원 시집 ; '별'(2006년)
19. 밀레니엄 시선 ; '삶이 오가는 바람이여'(2006년)
20. 천수문학회 사화집 ; '바람에게 길 하나'(2007년)
21. 조수현 시집 ; '의자도 자란다'(2007년)
22. 이경애 토론 모음집 ; '연상토론으로 맥 잡았다'(2007년)
23. 밀레니엄 시선 ; '눈 먼 사랑을 깨우는 종소리'(2007년)
24. 서대문노인종합복지관 문학반 문집 ; '황혼의 들녁에 핀 꽃'(2008년)
25. 광명시 평생학습원 ; 삶의 향기반 문집 ; '바람결에 날아드는 홀씨 하나'(2008)
26. 김현옥 시집 ; '겨울 아이'(2008년)
27. 서대문노인복지관 문학반 문집 ; '꽃으로 피워낸 삶'(2009년)
28. 밀레니엄 시선 ; '작은 것들의 아름다움'(2009년)
29. 시동인연합 사화집 '봄 그리고 가을' 발행(2009년)
30. 박공수 시집 '대륙의 손잡이' 발행(2010년)
31. 한상일 시집 ; '너 어디에 있느냐' 발행(2010년)
32. 밀레니엄사화집 ; '길 위에 길이 되어' 발행(2011년)
33. 서대문노인종합복지관 문학반 문집 ; '바람으로 스치는 세월'(2012년)
34. 최제형시집 ; '바람이 머무는 자리'(2012년)
35. 이지영시선집 ; '눈꽃 사랑' 발행(2012년)
36. 이은유시집 ; '서투른 하루' 발행(2012년)
37. 밀레니엄사화집 ; '심연의 강에 반짝이는 햇살' 발행(2013년)

F. 출판기념회

1. 1998년 11월 ; 정찬우 출판기념회(세종문화회관 대연회장)
2. 2000년 11월 ; 정찬우 출판기념회(세종문화회관 대연회장)
3. 2002년 12월 ; 박희주 출판기념회(부천시민회관 강당)
4. 2002년 1월 ; 밀레니엄 사화집 출판기념회(충무로 대림정)
5. 2003년 11월 ; 이지영 출판기념회(세종문화회관 소연회장)
6. 2004년 12월 ; 밀레니엄사화집 출판기념회(충무로 대림정)
7. 2005년 9월 ; 강희동 출판기념회(과천시민회관 소연회장)
8. 2005년 11월 ; 박희주 출판기념회(강남웨딩문화원)
9. 2005년 12월 ; 밀레니엄사화집 출판기념회(충무로 사무실)
10. 2006년 9월 10일 ; 서대문노인종합복지

관 문집(서대문노인종합복지관 회의실)
11. 2006년 11월 ; 유재원 출판기념회(남영동 미성회관)
12. 2007년 1월 ; 이지영(사랑으로 가는 바람) 강기옥(내 안에 기쁨으로) 출판기념회(과천 레스토랑)
13. 2007년 6월 ; 변영표(어디로 가야) 출판기념(서초동 사무실)
14. 2007년 12월 ; 밀레니엄사화집 출판기념(서초동 사무실)
15. 2008년 2월 ; 박희주 출판기념회 ; 사랑의 파르티잔(부천문화원)
16. 2009년 10월 ; 시동인연합 사화집 '봄 그리고 가을' 출판기념
17. 2010년 1월 ; 박공수 '대륙의 손 잡이' 출판기념회
18. 2010년 2월 ; 김정현 출판기념회
19. 2012년 10월 ; 김성자, 김우현 시집 '멈춤이 있는 현' 출판기념회(밀레니엄 사무실)
20. 2012년 11월 ; 이지영 시선집 ' 눈꽃 사랑' 강기옥 평론집 '시의 숲을 거닐다' 출판기념회(밀레니엄 사무실)
21. 2012년 12월 ; 이은유 '서투른 하루' 출판기념회(구리시)

G. 문학상 수상

1. 정찬우 ; 한국민족문학상, 문학21문학상, 탐미문학상, 에피포도문학상, 부원문학상
2. 이지영 ; 한국민족문학상, 문예사조문학상, 문학21문학상, 탐미문학상, 황진이문학상, 세계가야금관왕관상, 방촌문학상
3. 차영주 ; 한국민족문학상, 문학21문학상
4. 정옥인 ; 한국민족문학상, 한맥문학상, 세계가야금관왕관상
5. 강기옥 ; 서전문학상, 서울문예상, 한국자유시인상, 탐미문학상, 한국계관시인상, 한국현대시문학상(독서신문)
6. 이종봉 ; 한하운문학상, 이육사문학상, 광명문학상, 경기문학상, 좋은문학 공로상 한국민족문학상, 광명시장상(문학부문), 광명문학상(대상)
7. 위상진 ; 경기문학상, 광명문학상
8. 장충열 ; 자랑스런시민상(문학부문), 문학21문학상, 육필문학상, 에피포도문학상
9. 박희주 ; 탐미문학상
10. 홍광선 ; 한국민족문학상, 국무총리상
11. 유영애 ; 에피포도문학상, 서전문학상
12. 김정현 ; 서전문학상
13. 유재원 ; 충청문학상

H. 출판사 등록 신고 및 정기 간행물 등록증 발부

1. 2004년 12월 15일 ; 도서출판 밀레(출판사 등록 신고번호 ; 2-4078) 2004년 12월 15일자
2. 2005년 1월 17일 ; 정기간행물 등록증 발부 ; 문화체육부 등록번호 ; 문화 마 02858(2005년 1월 17일자)
3. 2005년 2월 25일 ; 문예부흥운동지 '문예사랑' 제1집 발행
4. 2005년 4월 25일 ; 문예부흥운동지 '문예사랑' 제2집 발행
5. 2005년 6월 30일 ; 문예부흥운동지 '문예사랑' 제3집 발행
6. 2005년 8월 30일 ; 문예부흥운동지 '문예사랑' 제4집 발행
7. 2005년 10월 20일 ; 박희주 감수 '준비된 삶이 당당하다' 자전적 소설집 발행
8. 2005년 11월 5일 ; 문예부흥운동지 '문예사랑' 제5집 발행
9. 2005년 12월 3일 ; 김정현 시집 '네가 손끝으로 말하면 나는 작은 눈으로 듣는다' 발행
10. 2005년 12월 20일 ; 밀레니엄시선 '그대 눈빛 하나로 그리움은 꽃이 되고' 발행
11. 2006년 1월 6일 ; 문예부흥운동지 '문예사랑' 제6집 발행
12. 2006년 3월 1일 ; 문예부흥운동지 '문예사랑' 제7집 발행
13. 2006년 8월 5일 ; 문예부흥운동지 '문예사랑' 제8집 발행
14. 2006년 9월 4일 ; '황혼의 들녁에 서서'

발행(서대문시립노인종합복자관 '시문학 창작반' 시와 수필의 문집)
15. 2006년 10월 31일 ; 문예부흥운동지 '문예사랑' 제9집 발행
16. 2006년 12월 5일 ; 이지영 시선집 '사랑으로 가는 바람' 발행
17. 2006년 12월 12일 ; 밀레니엄시선 '삶이 오가는 바람이여' 발행
18. 2007년 1월 10일 ; 문예부흥운동지 '문예사랑' 제10집 발행
19. 2007년 2월 5일 ; 천수문학 사화집 ; '바람에게 길 하나' 발행
20. 2007년 4월 14일 ; 문예부흥운동지 '문예사랑' 제11집 발행
21. 2007년 7월 20일 ; 문예부흥운동지 '문예사랑' 제12집 발행
22. 2007년 8월 5일 ; 이경애 토론 모음집 '연상토론으로 맥 잡았다' 발행
23. 2007년 8월 30일 ; 조수현 시집 '의자도 자란다' 발행
24. 2007년 11월 25일 ; 정찬우(한영대역시집) '꽃으로 선 당신' 발행
25. 2007년 12월 13일 ; 밀레니엄문학회 사화집 발행 '눈 먼 사랑을 깨우는 종소리' 발행
26. 2008년 2월 25일 ; '황혼의 들녘에 핀 꽃' 발행(서대문시립노인종합복자관 '시문학 창작반' 시와 수필의 문집)
27. 2008년 3월 5일 ; 문예부흥운동지 '문예사랑' 제13집 발행
28. 2008년 5월 14일 ; 광명시평생학습원 '삶의 향기반 ; '바람결에 날아드는 홀씨 하나'
29. 2008년 6월 15일 ; 문예부흥운동지 '문예사랑' 제14집 발행
30. 2008년 9월 12일 ; 김현옥 시집 '겨울아이' 발행
31. 2008년 9월 25일 ; 문예부흥운동지 '문예사랑' 제15집 발행
32. 2008년 12월 19일 ; 문예부흥운동지 '문예사랑' 제16호 발행
33. 2009년 2월 25일 ; 정치, 경제 전문지 '글로벌 이슈와 한국의 전략' 발행
34. 2009년 3월 20일 ; 문예부흥운동지 '문예사랑' 제17호 발행
35. 2009년 4월 25일 ; '꽃으로 피워 낸 삶' 발행(서대문시립노인종합복자관 '시문학 창작반' 시와 수필의 문집)
36. 2009년 6월 20일 ; 문예부흥운동지 '문예사랑' 제18호 발행
37. 2009년 9월 10일 ; 문예부흥운동지 '문예사랑' 제19호 발행
38. 2009년 10월 10일 ; 시동인연합 사화집 ; 봄 그리고 가을' 발행
39. 2009년 11월 15일 ; 박공수 시집 '대륙의 손 잡이' 발행
40. 2009년 12월 15일 ; 문예부흥운동지 '문예사랑' 제20호 발행
41. 2010년 3월 30일 ; 문예부흥운동지 '문예사랑' 제21호 발행(1백만부 돌파 기념 특집)
42. 2010년 7월 30일 ; 문예부흥운동지 '문예사랑' 제22호 발행
43. 2010년 11월 5일 ; 한상일 시집 '너 어디에 있느냐' 발행
44. 2010년 11월 30일 ; 문예부흥운동지 '문예사랑 제23호 발행
45. 2011년 1월 30일 ; 밀레니엄문학회 사화집 '길 위에 길이 되어' 발행
46. 2011년 3월 30일 ; 문예부흥운동지 '문예사랑 제24호 발행
47. 2011년 7월 20일 ; 문예부흥운동지 '문예사랑' 제25호 발행
48. 2011년 10월 20일 ; 문예부흥운동지 '문예사랑' 제26호 발행
49. 2011년 12월 30일 ; '바람으로 스치는 세월'(서대문시립노인종합복자관 '시문학 창작반' 시와 수필의 문집)
51. 2012년 1월 15일 ; 문예부흥운동지 '문예사랑' 제27호 발행
52. 2012년 3월 30일 ; 문예부흥운동지 '문예사랑' 제28호 발행
53. 2012년 5월 30일 ; 최제형 시집 '바람이 머무는 자리' 발행

54. 2012년 6월 25일 ; 정필기 자서전 '전쟁과 우정', 'War & Friendship' 발행
55. 2012년 7월 20일 ; 문예부흥운동지 '문예사랑' 제29발행
56. 2012년 8월 10일 ; 이길환 'Incoterms의 운영방향' 빌행
57. 2012년 10월 10일 ; 이지영시선집 '눈꽃 사랑' 발행
58. 2012년 10월 15일 ; 문예부흥운동지 '문예사랑' 제30호 발행
59. 2012년 11월 10일 ; 이은유 시집 '서투른 하루' 발행
60. 2013년 1월 15일 ; 문예부흥운동지 '문예사랑' 제31호 발행
61. 2013년 2월 15일 ; 밀레니엄사화집 '심연의 강에 반짝이는 햇살' 발행

I. 신춘문예 및 문학상 시상식

1. 2008년 12월 19일 ; 밀레니엄문학회 신춘문예 시상식 및 송년의 밤 행사
   국제전자센타12층 컨벤션&웨딩센터 연회장
2. 2009년 12월 19일 ; 밀레니엄문학회 신춘문예 시상식 및 송년의 밤 행사
   백운호수 지인 레스토랑
3. 2010년 4월 23일 ; 밀레니엄문학회 문예사랑 1백만부 기념 및 신춘문예 시상식 행사
   국제전자센터 아베뉴홀(12층)

J. 방송 출연

1. KBS방송(KBS 제2라디오 FM 방송 106.1 MHZ) '생방송 열린 아침 정용석 입니다' 프로에 출연
   2004년 10월 14일(화요일) 오전 7시 40분 부터 8시까지
   내용 ; '책으로 여는 세상'
   해외 교포들에게 태극기 무궁화사진 및 책보내기 운동등 문화예술제 등에 대한 대담
2. 평화방송(FM 라디오 105.3 MHZ)
   2006. 9월 18일 오후 4시 5분부터 5시까지 '할아버 할머니 건강하세요'
   생방송 프로 출연 인터뷰.
   '황혼의 들녁에 서서' 출간으로 할아버지, 할머니에게 문학강연 내용과 책사랑, 문학사랑에 대한 대담
3. SKY방송채널 531(시인의 뜨락) 출연
   84회 대담 출연 ; 강기옥, 장충열
   100회 대담 출연 ; 정재원, 김정현
   105회 대담 출연 ; 정찬우, 이지영(2008년 3월 29일)
   106회 대담 출연 ; 류시정, 박희주
4. 연합뉴스 ; 할머니, 할아버지 문학수업 기사 (정찬우)(2008년 3월 10일)
5. 한겨레신문 ; 서대문노인종합복지관 문학수업에 관한 기사(정찬우)(2008년 3월 10일)
6. KBS 방송(KBS 제1FM 라디오)(2008년 3월 29일 오후 3시20분-40분까지 방송)
   서대문노인종합복지관 문학반 수업에 대한 방송(정찬우)
7. 수도권신문 ; '바람결에 날아든 홀씨 하나' 광명시 합습동아리 '삶의 향기'반 작품집 발간(2008년 6월 2일)
8. TBN 한국방송공사 ; '오승룡의 길따라 노래따라' 2009년 6월 11일(목요일) 저녁 ; 9:05~9:59
   이지영 시 '한산 모시' 방영

K. 신문 기사

1. 1997년 7월 20일 시 '두메산골' 수록(평화신문)
2. 1997년 12월 23일 현우무역(주) 정찬우 대표 소개(중앙일보 발행 이코노미스트지)
3. 1998년 11월 12일 시집 소개 '내 영혼의 하얀 미소'(조선일보)
4. 1998년 11월 시집 소개 '내 영혼의 하얀 미소'(매일경제신문 citylife)
5. 1998년 12월 7일 신간 안내 '내 영혼의 하얀 미소'(중앙대학교 신문)

6. 1999년 1월 15일 시집 소개 '내 영혼의 하얀 미소'(서울대학교 동창회보)
7. 1999년 5월 1일 신간 안내 '내 영혼의 하얀 미소'(경희대학교 동문회보)
8. 1999년 6일 1일 정찬우 세계 각국으로의 우리 책 보내기 운동 기사(경희대 동문회보)
9. 1999년 9월 11일 아침에 읽는 시 '빛' 수록(국민일보)
10. 1999년 10월 28일 아침에 읽는 시 '오늘 사랑은 1'(국민일보)
11. 1999년 12월 23일 아침에 읽는 시 '소망' 수록(국민일보)
12. 2000년 4월 10일 월요시단 '촛불' 수록(중부신문)
13. 2000년 5월 15일 시로 읽는 월요일 '5 우러, 그날이 오면' 수록(전남매일신문)
14. 2000년 11월 4일 '정찬우 시인 출판기념회 소개'(전남매일)
15. 2000년 11월 8일 '정찬우 시인 세종문화회관에 출판기념회 소개'(전남매일)
16. 2000년 11월 5일 새로나온 책 '내게 사랑 하나 있네' 안내(동아일보)
17. 2000년 12월 1일 새로나온 책 '내게 사랑 하나 있네' 안내(경희대동문회보)
18. 2002년 1월 20일 '정찬우 시인 시비 건립' 경기도 하성군 하성성당에 소개(카톨릭신문)
19. 2003년 4월 1일 정찬우 시인 월간 'NEWS LETTER' 발간 안내(경희대 총동문회보)
20. 2003년 6월 2일 태극기 보급. 한국 책 읽기 운동(미국발행 중앙일보)
21. 2003년 9월 25일 정찬우 밀레니엄문학회 회장 '한상대회서 서화전 열어' 소개(매일경제)
22. 2003년 9월 23일 연합인터뷰 '밀레니엄문학회 정찬우 회장' 기사(연합뉴스)
23. 2003년 9월 23일 '밀레니엄문학회 정찬우 회장 소개(NATE 뉴스)
24. 2003년 10월 6일 '밀레니엄문학회 정찬우 회장' 소개(한겨레신문)
25. 2003년 10월 6일 '밀레니엄문학회 정찬우 회장' 소개(NATE 뉴스)
26. 2003년 10월 8일 서울, 밀레니엄 문화예술 전시회 개최 정찬우 회장(광주일보)
27. 2004년 3월 24일 프레즈노에 한인도서관 개관(밀레니엄문학회 정찬우 회장)(미국발행 한국일보)
28. 2004년 3월 24일 한인 도서관 2곳 개설 개관(밀레니엄문학회 정찬우 회장)(미국발행 중앙일보)
29. 2004년 3월 4천권의 따뜻하고 넉넉한 동포애(콜로라도, 덴버지역에 도서관 건립)(미국발행 SUNDAY KYOCHARO KOREAN NEWS)
30. 2004년 3월 31일 '사랑의 책 보내기' 열띤 호응(밀레니엄문학회 정찬우 회장)(미국발행 한국일보)
31. 2004년 7월 30일 덴버 한국학교에 책 보내기(한민족 책사랑무궁화협회, 밀레니엄문학회) 소개(미국발행 중앙일보)
32. 2004년 9월 2일 콜로라도에 3천권 책 모아 '한인도서관'연다(밀레니엄문학회 정찬우 회장)(미국발행 세계일보)
33. 2004년 9월 9일 덴버 한인들에 사랑의 책 전달 (밀레니엄문학회 정찬우 회장)(미국발행 중앙일보)
34. 2004년 9월 9일 덴버 한인 도서관 문 열게 됐다(밀레니엄문학회 정찬우 회장)(미국발행 한국일보)
35. 2004년 10월 5일 시 '고황의 요람' 수록(경희대 총동문회보)
36. 2008년 3월 10일 사람들 '할머니들의 시 선생 정찬우'(연합뉴스)
37. 2008년 3월 10일 사람 '어르신 제자들 작품엔 삶의 지혜 가득'(한겨레 신문) 시집펴낸 서대문노인복지관 창작문학반 '시 선생 정찬우'
38. 2005년 3월 21일 바지 뒷주머니에 쏙 '격월간 문예사랑 창간'(중앙일보)(중앙일보 인터넷뉴스)
39. 2005년 3월 21일 포켓용 문학잡지 '문예사랑' 창간(연합뉴스)
40. 2005년 4월 1일 문예부흥운동지 '문예사랑' 창간(경희대 총동문회보)

41. 2005년 5월 14일 주머니에 쏙 언제 어디서나 꺼내세요 '문예사랑' 창간(매일경제)
42. 2005년 10월 19일 세계한민족 도서관 건립운동(밀레니엄문학회 정찬우 회장)(한아름 뉴스)
43. 2006년 9월 14일(할머니 할아버지 창작집) 소개(연합뉴스)
44. 2008년 3월 10일 서대문노인복지관 문학수업 에 관한 소개(한겨레신문)
45. 2008년 6월 2일 광명시 평생학습원 '삶의 향기 문학반' 소개(수도권신문)
46. 2010년 12월 17일 KOIMA CEO 합창단 창단 1주년 기념 공연(주한외국근로자 위문 및 불우이웃돕기 자선공연)
단장 정찬우(밀레니엄문학회 회장)은 장천아트홀에서 공연을 가졌다.
(연합뉴스, 아시아투데이 신문, 코리아타임스)
47. 2010년 9월 15일 KOIMA CEO 합창단 공연(동반성장위원회 초청공연)
단장 정찬우(한전 공연장에서)(연합뉴스, 조선, 중앙, 동아, 한국, 문화일보 등)
48. 2011년 10월 10일 서울오라토리오와 KOIMA CEO 합창단, 광주시립합창단 정기공연, 단장 정찬우(서울예술의 전당 콘서트홀에서)
49. 2011년 11월 11일 KOIMA CEO 합창단 제2회 정기공연(주한외국근로자 위문 및 불우이웃돕기 자선공연)
단장 정찬우(용산아트홀)에서 공연
(연합뉴스, 조선, 중앙, 동아, 코아리타임스, 아시아투데이)
50. 2011년 6월 27일 서울오라토리오와 KOIMA CEO 합창단 일부 단원 정기공연
정찬우 단장은(서울 예술의 전당 콘서트 홀에서) 공연(연합뉴스, 조선, 중앙, 동아, 코아리타임스, 아시아투데이)
51. 2012년 7월 1일 서울오라토리오와 KOIMA CEO 합창단 일부 단원 정기공연
정찬우 단장은(서울 예술의 전당 콘서트 홀에서) 공연
(연합뉴스, 조선, 중앙, 동아, 코아리타임스, 아시아투데이)

L. 신문 및 언론 기사(칼럼)

1. 2007년 11월 4일 '대통령 선거를 보는 국민의 마음'(시사코리아 신문)
2. 2007년 11월 18일 '국가와 민족의 미래를 먼저 생각하자'(시사코리아 신문)
3. 2007년 12월 2일 '국민을 무섭게 보는 정치 풍토를 바란다'(시사 코리아 신문)
4. 2007년 12월 19일 '정치인. 검찰은 국민앞에 각성하라'(시사 코리아 신문)
5. 2008년 1월 2일 '대통령 당선자에게 바란다'(시사 코리아 신문)
6. 2008년 1월 16일 '교육개혁의 혁신을 바란다'(시사 코리아 신문)
7. 2008년 1월 30일 '초일류 국가의 국민이 되기 위한 기초교육이 필요하다'(시사 코리아 신문)
8. 2008년 3월 5일 '새 정부의 인수위가 구상하는 영어 교육의 정책적 모순'(시사 코리아 신문)
9. 2008년 4월 9일 '자원을 위한 정부와 기업의 역활'(시사 코리아 신문)
10. 2008년 4월 30일 '혁신도시의 재 구상이 필요하다'(시사 코리아 신문)
11. 2008년 5월 14일 '올림픽과 테러(시사 코리아 신문)
12. 2008년 5월 25일 '실용외교에 따른 쇠고기 수입'(시사 코리아 신문)
13. 2008년 6월 11일 '대북정책의 획일화가 필요하다'(시사 코리아 신문)
14. 2008년 6월 25일 '미래지향적인 한중 전략적 협력동반자 관계'(시사 코리아 신문)
15. 2008년 8월 27일 ; '한·미 동맹의 재확인과 세계화 전략'(시사 코리아 신문)
16. 2008년 9월 7일 ; '한국 경제 성장의 제2의 도약을 위한 전략'(시사 코리아 신문)
17. 2008년 9월 24일 ; '민족의 얼굴인 우리 말, 우리 글'(시사 코리아 신문)

밀레니엄문학회 사화집
심연의 강에 반짝이는 햇살

지은이 • 이지영 외
펴낸이 • 정찬우
펴낸곳 • 도서출판 밀레
주 소 • 서울 서초구 서초3동 1588-7
석탑오피스텔 210호
대표전화 (02)588-4671~2
FAX (02)588-4673
E-mail • hyunwoot@hanmail.net
hyunwoot@naver.com
등 록 • 제2-4078호 2004년 12월 15일
발행일 • 2013년 2월 15일

값 12,000원
ISBN 978-89-97815-06-7